Für immer aufgeräumt

Zwanzig Prozent mehr Effizienz im Büro

极简工作

工作中的断舍离，效率提高20%

［德］约根·库尔兹◎著

（Jürgen Kurz）

王瑞琪◎译

中国人民大学出版社

·北京·

献给所有在职场奋斗，

难以见证孩子成长的父母

序

PREFACE

告别杂乱无章

复杂的世界渴望简单化。大多数人在审视自己的工作场所时，总会清楚地意识到这一点。

让我惊讶的是，工作场所几十年来并无实质性变化——即便技术革新，无纸化办公有望实现（有些甚至已经实现），组织管理方面的研究发展惊人，办公室里还是会一如既往地出现堆积如山的纸张，贴着“加急”标签的文件夹，写着电话号码、邮箱地址、日程表、待办事项、宣传广告、工厂样品的黄色便利贴，从DVD到U盘等各式各样的存储器，还有免费样品、杂物……为什么会这样？

因为工作场所不仅仅意味着工作的地点，它更是一个象征，就像是我们转移到外部的大脑。你脑中的东西会以一种近乎不可思议的方式复刻在你的书桌上。在这一二平方米的小天地里，面对日益复杂的工作生活和持续增长的压力，你仿佛置身于拼贴画中，每日处于进退两难的窘境。

好消息是，一旦你开始有意识地改变和简化你的整体思维，你的工作日常也会随之简化。这一了不起的经验被约根·库尔兹总结成简单的方法论，并在实践中进行了无数次测试。本书中，库尔兹会让你信服，怎样才能把你工作场所的垃圾清理干净。每个独立的步骤都浅显易懂，一步一步做下来，你的办公室将会从杂乱无章变为井井有条。

约根·库尔兹是我认识的这一领域中最有经验的实践家之一。他彻底改造了单独的工作间、部门乃至整个公司，并由此赢得了许多粉丝。他的理念经过了大量试用者的筛选，取其精华，去其糟粕。

这本书将告诉你，拥有整洁的办公室比你想象的要容易得多，这将大大提高你置身工作场所时的生活质量。今天就和杂乱无章告别吧！别担心，你可不会再怀念过去的生活。

韦尔讷·提基·昆斯特马赫

自测

给自己定位

阅读本书之前，你可以先完成以下自测。它可以帮助你初步判断，你的办公室整理得如何。

请选择：

1. 你的办公桌上是不是只放着每天都会使用的物品？

□是　　□否

2. 你的办公桌上是不是只放着你正在进行的一项工作的材料？

□是　　□否

3. 工作时你是不是只用一个信箱？　　□是　　□否

4. 你有没有设置可靠的再次发送提醒，确保有时间期限的材料不会被淹没在成堆的文件或资料库中，费很大工夫才能找出来？　　□是　　□否

5. 你的系统能否确保在运行项目的剪贴板中，一分钟之内找出每个需要的文件？　　□是　　□否

6. 你不在时，你的同事能否从你的工作材料中顺利找到他想要的文件？　　□是　　□否

7. 你是否通过列清单简化工作？ □是 □否

8. 你是否随时都清楚应当把材料存放在哪里？ □是 □否

9. 你有没有为你的办公室工作约法三章？ □是 □否

10. 你的公司是否包含管理费用且该费用被纳入组织管理的总经费中？ □是 □否

分析

你选了几个“是”？

10 个

你已经很会整理了，并且知道该使用哪些技巧。工作中你会优先成为合作伙伴。尽管如此，我仍想提一些你不知道的小建议。本书后几章针对进阶者的内容尤其适用于你。

7 ~ 9 个

你已经知道一些整理办公桌和工作的方法。若你能认真研习本书，必能收获一系列建议，帮助你显著提升办公室优化技能。

3 ~ 6 个

和许多人一样，你还有很多需要深入学习的地方。本书中的许多方法供你充分利用。我们将帮助你显著提高效率和工作乐趣。

1～2个

当你深入学习办公室整理的知识并将这些建议付诸实践之后，你会惊喜地发现一些积极的转变。

该自测题帮助你初步找到自己的定位。同时，无论定位在哪个阶段，分析中都指出了你的上升空间：每一道选“否”的题，都留给你改进空间。祝你成功！

目 录

CONTENTS

第1部分

持久整洁的基础知识

1. 本书宗旨：助你取得持续进步

“没人有时间整理东西，但人人都有时间找东西。”这句话在办公室中得以验证。在生产制造时，**思想的持续优化已经成为常态，然而众多企业在优化过程中却忽略了办公室优化**。那些最容易犯的，最难发现的，产生最大影响的和最不容易改正的错误，其实往往并非出现在生产制造的过程中。

尽管如此，绝大部分优化的对象依然是制造，而非管理。因此，当车间已经取得长足进步时，办公室优化的巨大潜能却没有被开发。也正因为如此，尽管许多企业有好的产品，却因办公室的浪费和低效而影响发展。员工必须克服持续增加的工作压力，这往往会带来不满、劳累和过重的负担。

如今，全球化毫无疑问地影响着各行各业。因此，为了确保公司能够幸存，避免浪费已经不是一种选择，而是不容商榷的前提。

那么工作日常究竟是什么样的呢？很多企业都会有以下场景：

☞ 办公室工作没有标准，每个人按照自己认为对的方式完成任务。

☞ 运行时间过长。

☞ 存在弯路和阻碍。工作运行并非通畅顺利，而是曲折迂回。

致力于生产技术和自动化研究的夫琅和费学院用数据对这些情况加以说明。由该学院发表的一份研究报告表明：办公室工作人员平均浪费了他们32%的工作时间（Lean Office 2006, S. 5f.）。细分这些浪费的时间，约三分之一是浪费在自己的办公区，只为找一份需要的文件；一半是由于办事过程协调不周造成的，这可能会引发过长的等待时间和办公运行的停滞；剩下的则归咎于办公室其他低效的工作。

细究这份报告的数据一定让人瞠目结舌：居然浪费了32%的工作时间！把这些浪费的时间加起来，相当于一年中有70天，员工只是来到公司，一整天无所事事，接着下班回家，什么正事儿都没做。

20年前恐怕这并不是个问题。以前流行“以大欺小”，现在却变成“以快欺慢”。你现在的速度只能在下一个比你更快更廉价的竞争者出现之前被接受。扪心自问，如果你的竞争对手完成同样的工作比你好20%，快20%，还便宜

20%，会怎么样呢？你认为顾客还会继续选择你，只因为他们去年与你合作过吗？

如果你觉得这个例子太不现实了，那就问问在汽车工业这一行工作的人。那儿的供应商在数年前就被要求降价30%，如果他们还想继续接到订单的话。

关于本书主题的重要性，如果你还想更近一步证明的话，就想想知识爆炸吧：知识每四年翻一倍。四年后30封邮件变成60封，再过四年后再翻一番，即120封，总共翻了两番。然而八年过后，要等再次翻倍可要不了四年了，因为翻倍的速度越来越快。

如果你袖手旁观的话，你办公桌上的2个文件夹虽不会变成16个，但很可能会变成至少8～10个。自然，未完成的项目资料也会随之增加。

无论你是干哪行的，很明显，你必须得做点儿什么，否则将会遭受身心疾病的困扰。近年来，这种情况越来越严重并逐渐发展成一种现象：职工因工作压力而崩溃、患病（心身耗竭综合征）。

解决的方法是：即使在办公室中也要重视并充分调动生产力。**谁能成功提高自己的办公效率，谁就能胜任更高要求的工作。**

当你只是听到或看到“整理”这个词的时候，再联想到你之前的种种经历，恐怕要翻白眼。当你把你的地下室、存储器或车库整理干净后，这种整洁清爽的状态并不能保持很久。这种情况我隔一段时间就能从我研讨会和报告的听众中听到。只有极少部分人能够长时间保持井井有条。

整理出效率

因此，本书的目标是：手把手地教你方法，给你建议，帮助你长期维持办公桌和办公室的整洁。

如果你现在问我这是否可行，那么你应当知道：**这些方法来自实践，而且已经在数百张不同行业的办公桌上得到证实**。我这些方法既适用于5个员工的小作坊，也适用于2万员工的上市公司。本书中，我总结了通用法则，到哪儿都能用上，只要单位里有行政管理的工作，也就无关乎是工业企业还是服务行业了。

通过本书的指导建议你会发现，只需很短时间，你在办公区明显更加如鱼得水。你预期会有哪些成效呢？当我在指导结束后问起我的客户，他们如何评价自己的改变时，统计出以下几条：

- 效率提高10%～20%
- 空间节省20%

☞ 找东西的时间缩短40%

☞ 运作时间缩短25%

随之而来的其他改变：

☞ 同事满意度显著提升

☞ 办事过程中阻碍减少

☞ 满足客户要求更快

☞ 竞争力提高

近年来，随着综合性和动态的持续增强，公司更快、更好、更经济地运行显得尤为重要。因此，员工除了对自己的办公桌了如指掌之外，还得熟悉同事的工作进程。如今，在管理中行之有效的代班制度依然十分罕见。出于这种原因，我在本书中**不仅仅聚焦于自己单独的工作区域，而是延伸至整个部门甚至全公司**。

由于本书给出的建议旨在更快、更好，尤其是更轻松地工作，工作人员大都从此获益，并出现积极转变。

学习本书后，除了上文提及的持久整洁之外，你还会有其他收获：

☞ 你将熟悉适用于你工作岗位的规定。

☞ 除此之外你还会了解跨岗位规定。大家既能更有效率地完成自己的工作，帮同事代班时，也不会手足无措。

☞ 业务运行时间显著缩短。

☞ 效率提高：同一公司，同一团队却能胜任更多。

☞ 工作人员更多为内部和外部的客户着想。

2. Kaizen 理念：持续优化

本书中，经过实践检验的方法、建议和措施的基础是Kaizen理念。尽管书中这一理念仅作为背景知识，还是建议你理解其核心思想。

2.1　什么是“Kaizen”

“Kaizen”这一概念源自日语，由两部分组成：“Kai”（=改）和“Zen”（=好或更好）。“Zen”的“Z”发音不是[ts]，而是浊音[z]。

Kaizen是一个持续改进的实用过程，由多个小步骤累积而成。相较而言，单个措施很容易施行，因为它不涉及昂贵的技术改造，不需要高额投资费用，而且风险一目了然。

如果你想记住这个概念的含义，有以下两条妙招：

（1）联想到“节省”。通过“Kaizen”可以节省所有浪费的东西。

（2）在施瓦本地区方言中，这个词的发音接近“无意义”，所以“Kaizen”就意味着丢掉所有无意义的东西。

20世纪90年代初，一份关于汽车厂商对比的国际研究报告使持续改进过程广为人知。这一时期，相较于全球各国，受益于Kaizen过程的日产汽车制造速度快20%，价格便宜20%，质量高20%。德国、美国纷纷借鉴后也得到类似的改善。

我曾做过几年的商务主管，也是tempus分公司drillbox的领导层成员。在这一职位上，我致力于研究改进的各种可能，并接触了Kaizen理念。之后我们开始试着理解Kaizen，并应用于实践中。结果公司的改进达到了我们曾觉得遥不可及的高度，毕竟我们在推行Kaizen之前就已经是收益颇丰的世界市场引领者了。Kaizen让我们挖掘了许多改进的潜能。

后来我遵循“适用于生产也能适用于管理”这一原则，开始把这些理念运用到办公室中。当成功如期而至并流传开来后，我接到了举办讲座和研讨会的邀请。后来我又在一些公司中加入了实践指导，同样妙趣横生。

下文中介绍的并非新方法，而是将生产制造中的改进潜能转移到办公室中。创新的是，Kaizen理念被运用到了管理领域。这并不奇怪，因为管理中隐藏着加速运行、加强客户友好的巨大潜能。

无论是在生产还是在管理中，你会发觉Kaizen揭示了你之前从未意识到的问题。如果你成功地解决了各种积压的事务，便能迎接新的挑战。**Kaizen让过去那些存在而未被察觉的问题变得透明化。**

Kaizen理念的特别之处在于，它既适用于公司也适用于员工：员工能够更快、更好，尤其是更轻松地工作，同时，公司也会更有竞争力。

2.2 登上 Kaizen 阶梯

办公室Kaizen的宗旨是**阶梯状的、持续的改进**，共由五级紧挨着的阶梯组成。

本书第2部分的五个章节分别对应这五个梯级。

为了能更好地理解五级持续改进的功效，请你先想象

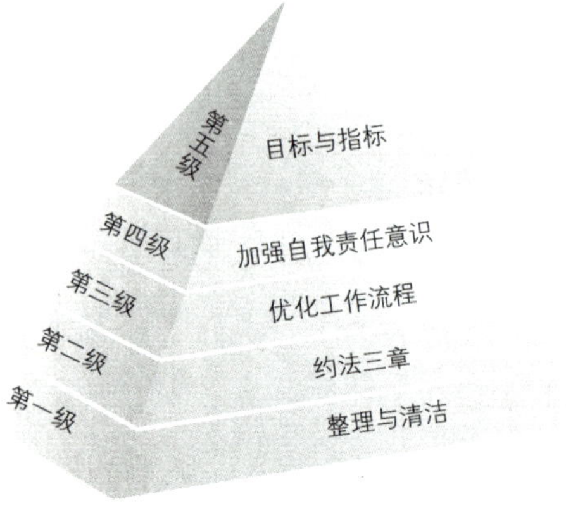

五个梯级

一个沉重的大球。在管理业务的组织工作中，你看到的问题越多，球就越沉。如果你想把球推上一个斜坡，需要费很大力气。在办公室里也一样。第一步，为了整理干净，以及清除你工作环境中所有干扰你注意力和打断你工作的东西，你必须投入时间和精力。

下图对应第一级的任务。

第一级

如果你在这一阶段就放弃努力，后果必定十分严重：球会滚回来。而且还不只是回到原位——球甚至会倒退一段距离。类比到办公室中，这意味着短时间内又会像以前一样杂乱无章，而且你不再良心不安，因为反正努力了也是白费。

因此第二级的内容是约法三章。规定可以帮助你维持秩序。所有你立了规矩的地方都不用重新整理了。规定就像一个楔子对球加以固定，防止其滚落。

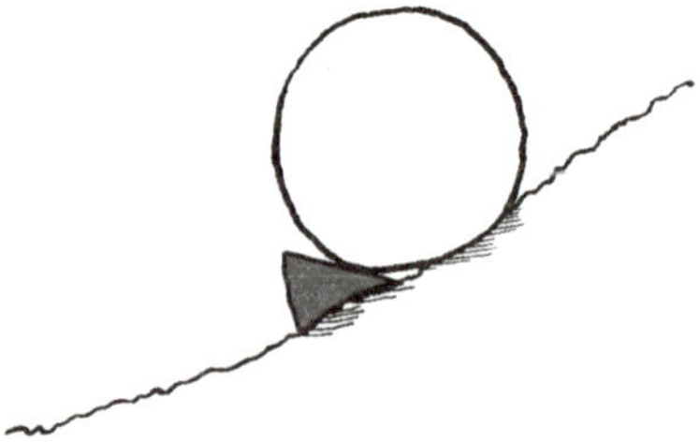

第二级

你现在应该满意了，因为你已经取得一定进展并能长期维持。但是Kaizen理念致力于更进一步的优化，因此第三级的内容是优化工作流程，也就意味着把球再向上推一段距离。

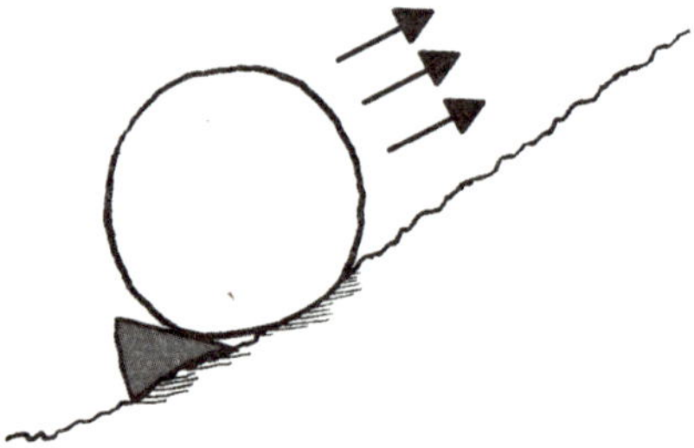

第三级（向上推一段距离）

实现这一步的前提是，你能够遵守规定。

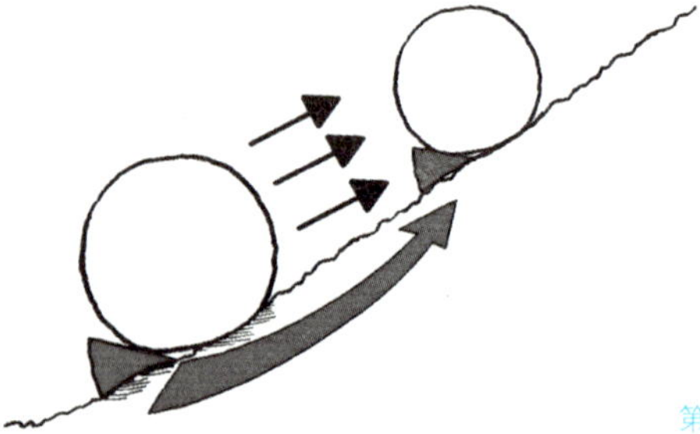

第三级（球变小）

因为未解决问题的数量减少了，所以球也相应变小了。

第四级的意义在于，让同事也能更强地意识到优化的可能性。**在Kaizen思维中，同事被定义为他们工作区域内的专家。**因此现在的目标是，加强同事的自我责任意识和行为。现在，大家应合力把球向上推。

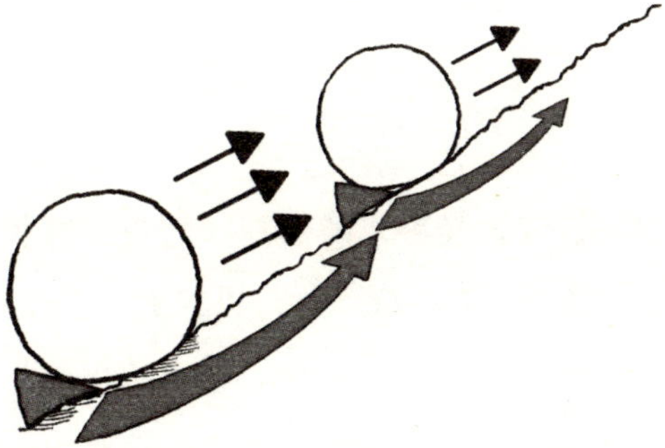

第四级

第五级的任务是，通过制定目标给优化行动指明一个方向。这些目标关系到企业的战略定位。在行政管理中制定的指标可以帮助检测目标完成的进度。

3. 正确使用本书：你会极大受益

本书并非强行灌输某种万能法则，而是提供多种方法供读者选择——就像点菜一样。你可以根据自己的“口味”选择适合自己的方法。

要求是：请你试用文中给出的建议。有些建议需经过时间的检验才能看出是否适合你。请更换不适合你的方法，切勿盲目以免徒劳。

笔者不想强制你按照某种固定的文件整理系统工作。如果你在整理文件夹时已经井井有条，请继续保持，不一定非要（如后文所提）使用文件支架。请把注意力更多地集中在你做得不好的方面。

本书既可以帮助你改善办公环境，也可优化整个部门的工作。**只有当整套环环相扣的步骤应用于实践后，才能充分发挥本书的功效。**

本书的所有方法都在日常工作中试验过。如若你还是在工作中遇到问题或有更好的建议，请通过邮箱jkurz@

tempus.de 联系我。和你商定后，我们会把你的建议和姓名发布在我们的主页以及我们的免费实事快报上——正如Kaizen理念的宗旨一样，所有的事情都能变得更好。

第2部分

持久整洁的五级阶梯

利用时间，

它转瞬即逝，

秩序则教会你们争取时间。

——约翰·沃尔夫冈·冯·歌德，

《浮士德》，悲剧第一部分

1. 第一级：整理与清洁

一个聪明人曾说过："上帝制造下一个洪灾时不再用水，而是用纸。"放眼望去，不难发现，许多办公室已经面临灾情。

"纸"洪灾

到底怎样才能在杂乱无章的办公室中做到高效办公呢？在处于国际竞争重压下的时代中，用来找东西的每一分钟都觉得可惜。

在我的职业生涯中，我曾帮助许多人建立更多秩序。

在我的记忆里，没有一个人为获得清爽整洁的办公环境、节约的时间和流畅的办公流程而后悔。原因很简单：堆积使人心烦——办公桌清爽了，头脑自然也清晰了。

奥地利诗人、作家恩斯特·弗莱赫尔·冯·福伊希特斯莱本（1806—1849）曾颇有深意地说："在整洁的房间中灵魂也得到了净化。"我个人达不到这样的深度，我说："**人们把自己的桌子整理成什么样，也就是脑子整理成什么样。**"

秩序与整洁不仅能让个人感觉舒适，工厂里也遵循这样的理念："谁能有纪律地维持秩序与整洁，谁就能高效生产。"毕竟这是让客户满意，也是公司经营成功的前提。

本书的主题为"持久整洁"。在你的办公桌能够维持长期整洁之前，你首先得建立起秩序。

这就是第一步的目标。我将手把手地教你一些亲测过的手段和处理方法，它们将清除你在集中精力创造效益时的一切障碍。

通过这些方法，你将（第一部分中提及的）球往坡上推一段距离。整理就是第一步。

向上推球

你因为没时间整理而愁眉不展？这样的话你应当从沉重烦琐的日常工作中解脱出来并迈出第一步。**办公室Kaizen的绝妙之处在于能够立刻做到节省时间，提高效率。**只需几天，你用来整理的时间便又赚了回来。如果你接下来能顺着台阶（第一部分所示）一步一步向上爬，那么你赢得的将不仅是更多的时间，还有前所未有的自信感。

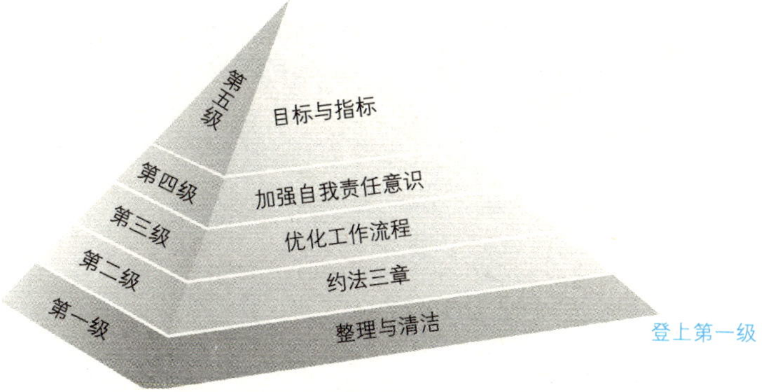

当你整理完你的办公桌和办公室之后，你的同事可能会嘲笑你。当他们看到你空荡荡的办公桌后，可能会问："你是没事可做了吗？"

不必理会这些嘲笑。很快这帮人又会回来，因为他们很想知道你到底是怎么做到的。

1.1 拍下现状

每当我陪着我的客户开始整理工作时，我们总是先从认清自己的现状开始。这一步骤收效奇佳，所以现在我也把它推荐给你。请你拿起一部数码相机，在开始整理之前拍几张照片。

操作方法

拍下你的办公桌：

办公桌

以及整个工作区域，包括地板和窗台：

包括地板和窗台的工作区域

请拍下公用橱柜：　　　　　以及细节：

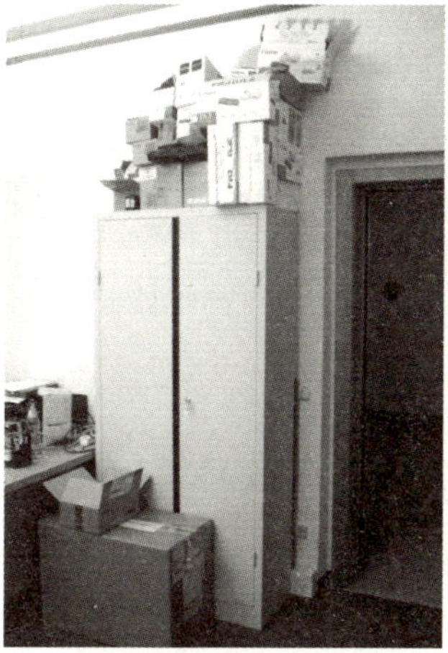

橱柜

细节

你会有有趣的发现。

■ 这样做的好处

☞ 你在照片上看到的办公桌和你用肉眼直接看到的不同。照片产生的距离打开了你的视野。这种“休克疗法”非常有用。

☞ 当你采纳了本书的建议后，很快你就认不出自己的办公室了。这些照片将告诉你到底有多少惊人的改变。这会使人备受鼓舞！

■ 注意

☞ 请注意，别用这些照片让任何人难堪。

照片的目的不在于揭发同事的杂乱无章。杂乱无章更多地表示未经缜密规划的、缺乏标准化的工作流程。你在照片上看到的每一处凌乱的地方，同时都能被看成持续改善的起点。

☞ 这些照片帮你认识到外界是如何看待你的工作环境的。为了加强这个效果，你可以将照片打印后挂起来，并配上标题："在顾客、来访者、同事、供货商等的眼中，我们就是这样的。"

1.2 系统分类

记录完现状之后，现在我们开始分类。请将所有不需要的东西分离出来。

■ 操作方法

规则如下：清除所有不需要的东西。抽屉里、柜子里、架子上的大量物品，虽被主人视为"心头肉"，却已被冷落多年或从未启用。所有这些不需要的东西都应当被清除。

清除所有不需要的物品

归类时堆积的的纸、储物盒等类似物品的数量惊人。

大量物品堆积

■ 这样做的好处

这样做的结果是显著节省了空间和占地面积，缩短了找东西的时间。

■ 注意

不要苛求自己，一开始就把整间办公室设为目标。你最好能够循序渐进。如果你的办公桌是工作的核心，那就从办公桌开始。时间管理中最基础的法则之一就是：**在空的办公桌上办公比在堆满东西的办公桌上更有效率**。

请从你的办公桌开始，首先清理你的直接工作环境中的杂物。以下清理顺序供你参考：

（1）办公桌

（2）办公桌抽屉和移动货架

（3）桌肚，地板

（4）边柜、书架或柜子

（5）窗台等其他台面

附加建议

这一个步骤需准备废纸篓、不可回收垃圾桶，如有需要，还应准备废旧电器回收桶。

准备容器

另外，整理是会传染的。在我教学期间曾多次发现，准备好的垃圾桶在未经同意的情况下被其他部门的同事塞满了。

1.3 如果你没有时间整理，该怎么办

当你在整理格层的时候，可能会出现时间不够的问题。

乱七八糟的橱柜

操作方法

在橱柜门上贴上便利贴并编号。

贴上便利贴

将未完成的事宜整理到待办事项清单中，给每一项事宜规定一位负责人和期限。把待办事项清单挂在所有同事都能看见的地方，等到所有任务完成之后再摘去。

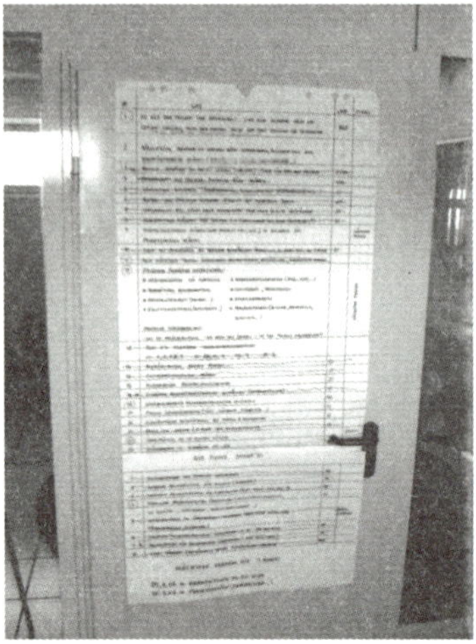

将待办事项清单挂在醒目的位置

■ 这样做的好处

☞ 你一眼就能从待办事项清单中看出还有哪些事情未完成。

☞ 你也可以用照片形式记录并通过邮件发送给所有负责人，但这种邮件发送的清单很快就会被人遗忘。而贴上纸质清单能够长期标示出未完成的任务。

☞ 你把整理这一大目标细分为小型、易行的步骤。如果你的办公室里有太多未整理的橱柜和书架，这种方法可以帮你缓解整理前无从下手的困惑。

■ 附加建议

☞ 当你在整理时不能擅自决定某样物品是否能丢弃

时，你也可以使用贴纸。将不能决定的文件和物品登记到待办事项清单中，待问清之后再做决定。

☞ 请在贴纸上写下同事名字的缩写，以便迅速找出对应事项的负责人。

☞ 请在贴纸上另用一层胶带固定，以免贴纸几天之后脱落。

1.4　尝试丢弃

人类是天生的猎人和收藏家，因此当人们扔东西的时候，心里也许会不舒服："万一这些材料还能再用一次呢……"**在达到"断舍离"这一境界前，有一个十分有用的过渡步骤——"尝试丢弃"。**

■ 操作方法

把你在办公区不需要却又不想扔掉的材料和物品放进纸箱。

把旧材料置于纸箱

这些纸箱可以存放在档案室、地下室或仓库中。

这样做的好处

你在你的直接办公区中获得了更大的空间。

之前

之后

明显的空间释放

注意

☞ 把清空的架子搬出办公室，否则它会以更快的速度被堆满。

☞ 为避免这些箱子被永久闲置，可以给箱子配上下图这种便笺：

> XX的箱子
>
> 如果该纸箱在XX（时间）之前未开封，则该纸箱可无条件丢弃。

给箱子贴上便笺

在确定日期时请注意法律规定的保存期限。

附加建议

☞ 给箱子编号。

☞ 记下你在打包箱子时放入的文件，之后请根据记录列出目录。你可以将这份档案清单贴在所属的箱子上，并复印一份保存在你的办公区（可以放在柜门内侧），以备不时之需。

目录

箱子编号：12

保存期限：2008.12.31

序号	名称	时间
1	账单汇总 A-M	1998-01-06
2	账单汇总 A-M	1998-07-12
3	账单汇总 N-Z	1998-01-06
4	账单汇总 N-Z	1998-07-12

保存目录

1.5 在直接工作区域内获得更多空间

你的直接工作区域应当具备以下性能：支持你达到目标并帮助你专注于工作。你的办公区应当只放置你每日必需的物品。但是，即便是整理过后你的周围依然会有既没用又妨碍你的文件、物品和陈设。

操作方法

你可能会遇到这样的情况：你不确定是否需要手边的某份文件，于是顺手抓起一个文件夹，但却记不住拿出的是哪个。

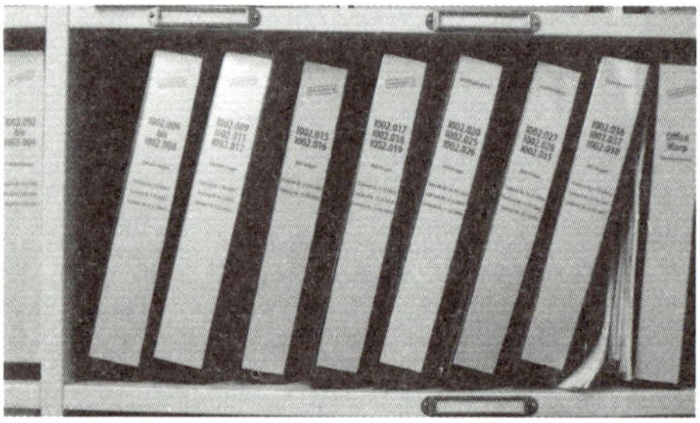

没有标记的文件夹

每当你使用文件夹时，请你用小标签标注一下。

有标签的文件夹

这样做的好处

三个月后你一眼就能分辨出，哪些文件夹你仍需留在手边，哪些可以归入档案室。

注意

☞ 为使这条建议在日常工作中能够通行，你不该在找标签上浪费时间。请在待用文件夹旁固定一个标签贴纸。

标签贴纸紧靠文件夹

☞ 使用这条建议的前提是，你已经丢掉不需要的文件夹或将其放入档案室。请在你的日历上记下清除下一批闲置文件夹的时间。

第二方案

你也可以用透明胶带将文件夹粘起来。当你使用文件夹时，再撕去胶带。三个月后你就知道哪些文件夹可以放入档案室了：只需看看哪些胶带还完好无损。

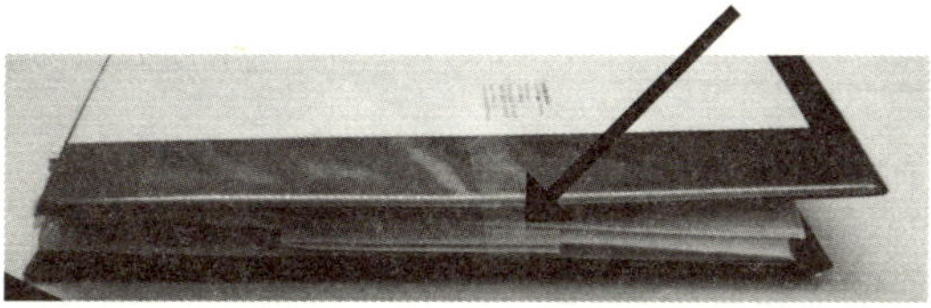

利用透明胶带

有时，资料会习惯性地被保存下来。其实你并不知道这些资料是否还用得上。

习惯性保存的资料

操作方法

如果你不知道是不是该将某张纸保存起来，你可以将其放入固定的、做了标记的备用箱内。在备用箱内找过东西的人应在箱子上做记录，如果在一定期限后仍没有人用到过这张纸，就不用再保存了。

备用箱

仅用于保存发货单的第四副本！

如果有人使用过保存于此的单据，请在箱子上记下发货单的编码、使用者姓名以及使用该文件的日期。

目的：我们需要了解是否有必要保存第四副本。第四副本一直都是交货之后才发回，后续的整理分类工作消耗极大。

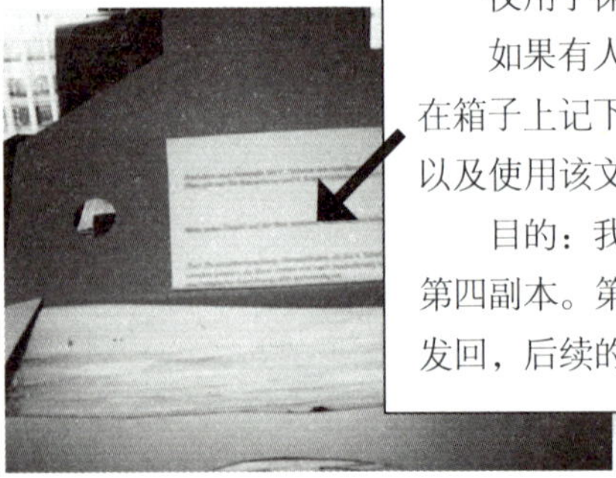

使用备用箱并做好标记

在一些办公室里留有闲置的移动柜或橱柜——不搬走的理由是这些柜子价格不菲。

闲置的橱柜

操作方法

购置办公用家具需要花钱，这没错。但当这些陈设只是占着地方，造成了无端的寻找时间或造成困扰，便会带来更大的开销。将这些没用的家具移走吧，把它们搬出去后再给它们找个新的归宿。

附加建议

有些公司允许员工将没用的家具、用品和资料带回家。他们将闲置的物品放置在一个固定地点。

1.6 完善垃圾清理

办公室秩序也意味着及时清理所有不需要的东西。工作区配备的一个垃圾桶往往需要接纳所有东西——可能是一杯喝了一半的脱脂牛奶，或是揉成一团的废纸。

一个垃圾桶容纳各类垃圾

操作方法

请用一个“废纸箱”代替字纸篓，只用它（上面写上你的名字）装废纸。现在比以前好多了：你拥有一个小办公桌和一个大纸箱。

优化方案：一个只装废纸的箱子

其他垃圾请分门别类地投入分类垃圾桶中或用不同的容器分装，容器应标明专门的类别。请根据累积的垃圾总量决定垃圾桶的大小。

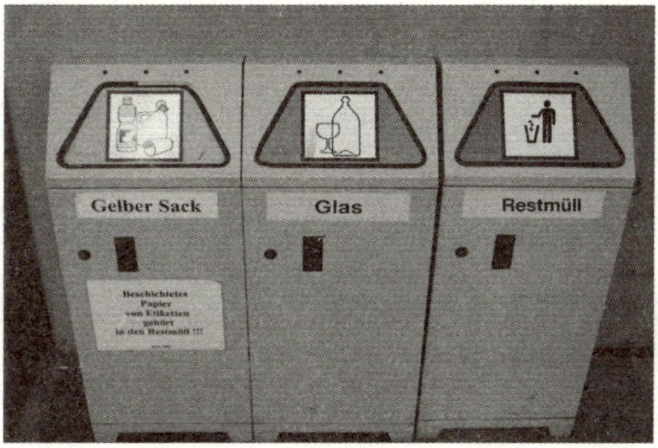

标明类别的垃圾桶

■ 这样做的好处

因为有太多的纸质垃圾需要投放，你没必要每天清空纸箱，比如可以每周清理一次。另外，如果你需要使用扔掉的资料，可以从箱子中原封不动地取回。

■ 注意

☞ 废纸箱一定要呈长方形且足够大，这样才能保证扔进去的纸不会弄皱。

☞ 请确认是否真的施行了垃圾分类。在指导期间我发现，有些公司的办公室虽然分类收集垃圾，然而晚上大扫除时仍将所有垃圾倒进一个大桶内。

完美主义者小贴士

如果你追求完美，可将废纸箱藏于边柜的抽屉中，白天的时候打开。当有客人来访时，你可随手关上柜门——这样就看不见垃圾了。

将废纸箱藏于边柜的抽屉中

1.7 保持工作区整洁

在你整理和打扫完办公室之后，现在重要的是，如何保持整洁和秩序。

操作方法

养成下班前整理办公桌的习惯。这样你第二天就又能有新的开始。否则纸条会堆积起来：第一天五张，第二天又来五张，第三天就又摞成一小堆。当你仍处于适应阶段时，下班前重新建立秩序显得尤为重要。某一天，当你认真使用本书给出的建议时，一定会有质的改变。

养成每天清理办公桌的习惯

我的许多客户都给公用场所例如会议室、茶水间指定了负责人，负责包干区域的秩序和卫生，并公示名单，这种做法颇有成效。

指定包干区域负责人

■ 附加建议

请按时检查卫生和秩序是否得以维持：

☞ 你可以使用本书开头的自测题。

☞ 你也可以根据自己的需要列一份检查清单，写下任务，如清洁办公桌、抽屉、柜子、办公器械、地板、植物、台灯、垃圾桶、公用房间等等。

1.8 实践成功的秘诀

你可以独自将上面提及的建议付诸实践，也可以邀请主持人、团队或顾问，这能给整理这项工作渲染以“大型活动般的氛围”。

在我去公司给出实践指导的路上经常会听到这样的话："虽然我们也可以自己整理，但我们特意邀请你来开一个工作坊，因为这样可以让整个部门都参与进来，这次行动也就更有分量——并且我们还能获得许多易于实践的建议和更多支持。"

自测

你是否……

拍下了现状？	□是	□否
通过系统性归类从闲置物品中抽出身来？	□是	□否
使用了便利贴？	□是	□否
将"尝试丢弃"法付诸实践？	□是	□否
在你的直接办公区内获得更大空间？	□是	□否
施行了垃圾分类并利用"废纸箱"？	□是	□否
养成了下班前清理办公桌的习惯？	□是	□否

天才控制混沌。

——爱因斯坦

天才控制他的混沌。

——约根·库尔兹

2. 第二级：约法三章

在你理出、保存或丢弃不需要的物品之后，必须要进行下一项任务：留下来的资料和办公用品一定要合理地整理和归置，以便未来能快速便捷地找到它们。这一步骤其实就是给这些物品找个“家”。

我们了解生产的基本原则：“所有东西都有一个去处，所有东西都有它的去处。”这意味着：人人都知道某种特定的资源身处何方。这一基本原则同样可以运用到办公室中。

登上第二级

另外，你有必要仔细推敲日常办公室工作的流程。制定一个好的标准可以减少损耗。

有些人认为，索然无味的规定禁锢了创造力。在此，我将帮助你克服这种观念，正面地理解规定。日本人认为："规定是做事最简单、最轻松和最保险的方式方法。"

规定的意义在于简化而非束缚。规定带给你需要的自由空间，它能使你轻松应对工作并专注于本质。

规定带来自由空间

规定有以下功能：

☞ 它可以帮助你巩固改善后的状态，（如图）将楔子置于球的下方。

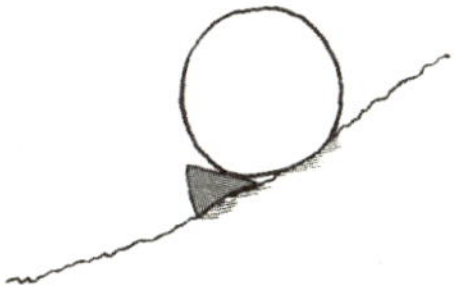

它可以作为供员工使用的信息、培训和评价标准。

☞ 已经达到的标准组成了后续优化工作的出发点。

客观、易懂、明确和简明的规定能够帮助你避免重复犯错。

在你的私人空间中，比如厨房里，就能找到关于规定的好例子。摆满刀叉和汤匙的抽屉看起来如何呢？我打赌，你一定整理过。相反，放置打蛋器、长柄勺、搅拌机等的抽屉看起来又如何呢？如果你是厨具生产商，阅读本书后你一定有了主意，该如何解决这些问题……

当你把餐具从洗碗机中取出后，是不是发现把刀叉、汤匙放回带隔断的抽屉要比把搅拌勺放入未分类的抽屉中费时？对我而言这两者耗时相同。

当我要从未分类的抽屉中找出某样东西时，只得乱翻一气；相反，取出刀叉则是“全自动”过程，避免了烦琐耗时的翻找过程。理由是：放置刀叉的抽屉精心设置了隔断，相当于制定了智能化标准。就连孩子从洗碗机中取出刀叉和汤匙后，也能立刻准确地将其分类摆放。**规定节省时间。**

同理，这一章的理念运用到办公室中，就意味着要给便笺纸、打孔机、订书机、信箱、临时项目的文件等等找一个理想的容身之处。

固定的场所不仅可以减少找东西的时间，也可以缩短整理时间，因为你能把办公用品迅速、准确地放回指定场所。

对部门进行优化时，你也可以从这套标准中逐条选取，与同事协商后运用于整个部门，一定能使你受益更多。

本章首先介绍个人办公区的规定，从第70页往后将尽可能涉及跨办公区规定。然而，你没必要教条地对待两者的区别。**重点在于，这些共同制定的标准是不是所有员工都能接受并遵从。只有这样才能长期确保工作的高效率。**

2.1　文字标记让人一目了然

找东西所耗的时间往往是由存储工具如塑料薄膜、文件夹、卷宗夹等没有做好文字标记所造成的。**在你开始整理之前请先立下所有东西都须即时标记的规定，并且标记须尽可能明确易懂。**

你可能会把相关的材料收集在透明塑料夹中，但却不能一眼看出这些到底是什么文件。

塑料夹造成的查询时间

■ 操作方法

请在塑料夹内部的顶层放入便笺，写上内容提要，这可以缩短查询时间。如果你能用粗记号笔书写，看起来会更省力。

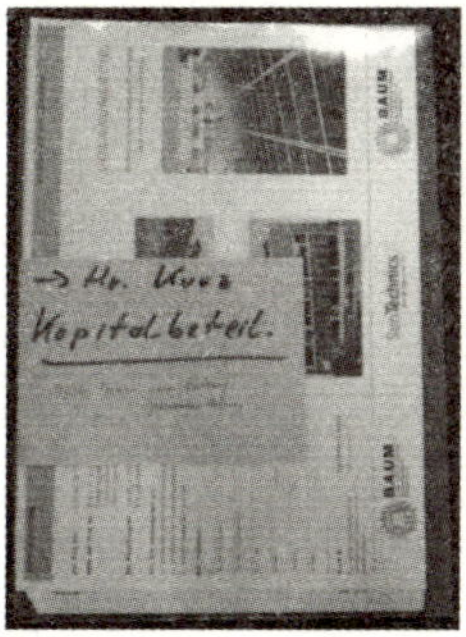

给塑料夹做标记

重要的信息如过往活动的地址和日程一般都得

在带铁夹或钢圈的文件夹中寻找。

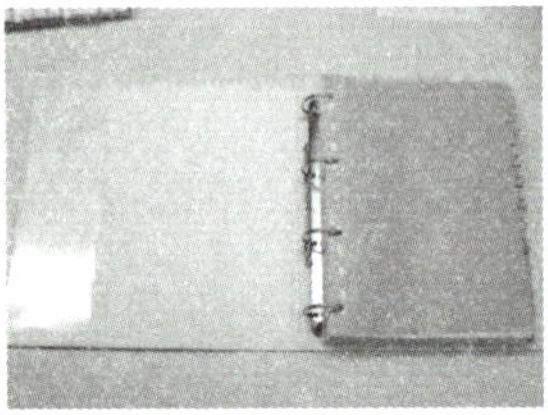

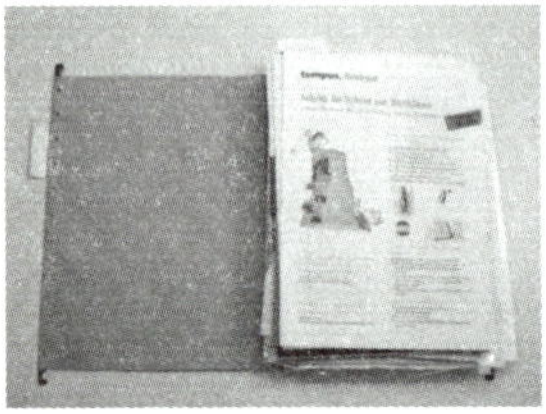

带铁夹或钢圈的文件夹造成的查询时间

操作方法

在文件夹的正面内侧往往可以粘上或订上名片。此处也可以放入目录。

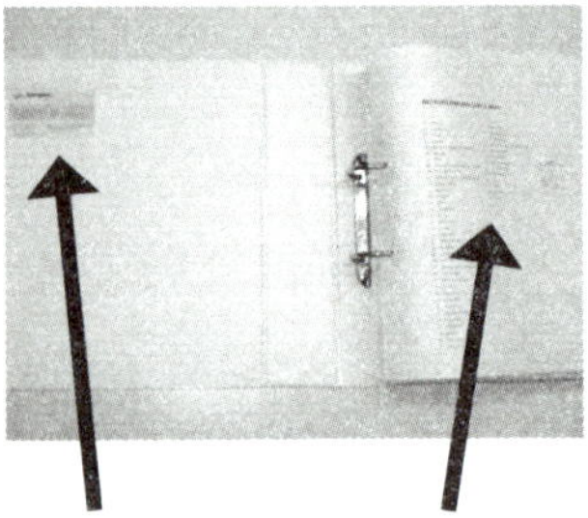

名片　　　　目录

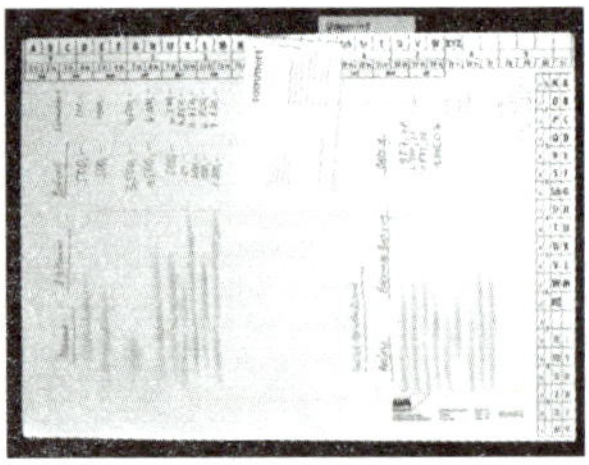

写上实用信息的文件夹

附加建议

☞ 在文件夹上做记录。例如，你可以记下迄今为止开展过的活动日程。这样无论是第十次战略会议、第二十五次员工大会还是周年庆都能一目了然。

☞ 除了日程之外，你还可以记下其他重要信息如合作伙伴、电话号码等。如果你的电脑里没有专门的地址管理系统，或者你经常出差的话，找地址会方便很多。

文件夹侧面的标注往往不够系统，字体过小或不易理解。另外这些文件夹总是杂乱无章地堆放在架子上。

文件夹侧面的标注

文件夹杂乱无章地堆放在架子上

操作方法

请你统一用字母（字不要太小）来给文件夹做标记，并给相应的文件夹额外配上客户或供货商的商标。这样明显方便查找。

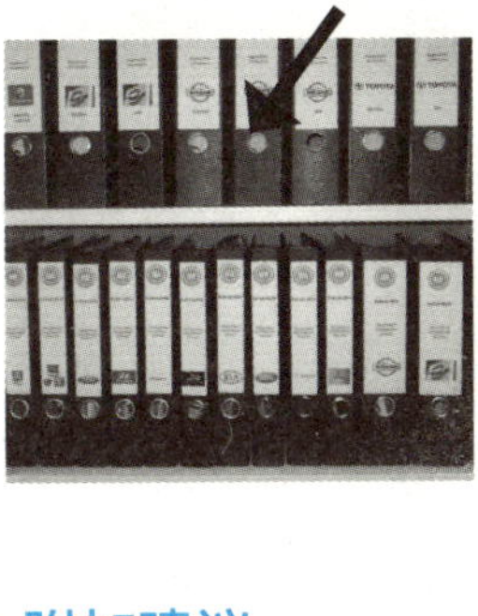

加上商标的文件夹

附加建议

为使文件夹更具系统性，你可以使用彩色标记。选定颜色时尽量让所有同事都能适应。例如：

☞ 红色：账务

☞ 黄色：个人

☞ 绿色：计划，战略

☞ 白色：与客户的信件往来

或者，你也可以根据年份加入新的颜色——账务2007年：红色；2008年：黄色，等等。

有些公司把所有文件夹集中在一个架子上。每次找到需要的文件夹总要花费一段时间。如果再把文件夹放回原来的位置，同样也要花费一段时间。

非系统性放置的文件夹

■ 操作方法

在按字母或时间顺序摆放时需注意，文件夹应固定放在架子的同一位置上。为使检索方便，可将架子上同一排的文件夹斜着贴上一段长胶条。

斜贴胶布

这样做的好处

☞ 你一眼就能找准取出的文件夹应归还到哪个位置上。

☞ 这样的秩序能够长期维持，因为一旦文件夹放错位置，便会十分醒目。

附加建议

不仅是对文件夹，对橱柜、书架隔断和照明开关也可以进行文字标注。**所有你找东西时不能一目了然的地方，都可以做标记——这是万能法则。**

2.2　抛弃便笺记录法

在办公室中时不时要提供大量的信息——或是电话号码，或是年度计划。这些信息往往以杂乱的方式分散在桌上或桌子周围：记事板上、写字垫板上，或是写在便利贴上再贴到显示屏上。

墙上和办公桌上的便笺

操作方法

重要的文件可以放在带有嵌入式透明内袋的可视文件夹（左下图）中或挂墙式文件架（右下图）上。可视文件夹可以存放在移动柜或办公桌抽屉里。

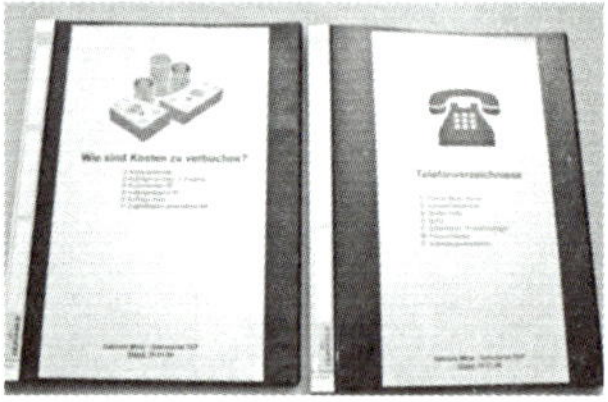

可视文件夹

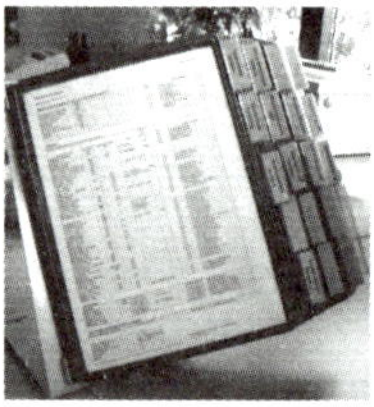

挂墙式文件架

附加建议

除了可视文件夹之外，你还可以使用透明文件袋，并用活页装订条固定成册。请将目录置于最上层。

写字垫板上铺满了各式各样的字条。当你伏案工作时，眼睛会无意识地瞥见许多字条上的信息，干扰是无法避免的。同样的情况也会出现在纸质垫板上，你打电话时会在上面做笔记或涂鸦。

带有薄膜的垫板

纸质垫板

■ 操作方法

最佳方案是你干脆不要使用写字垫板，无论是纸质垫板还是方便做笔记的带薄膜的垫板。你最好还是用可视文件夹或文件架来整理信息。如果你仍然坚持使用垫板的话，那么你应当使用透明或单色垫板，不要使用塑料薄膜垫板。

■ 这样做的好处

☞ 以上建议能够避免你的视线被牵制而分散注意力。这不仅能提供清爽的视觉效果，也能使头脑清晰。

☞ 你干净的办公桌留给你当下的工作。

☞ 你干净的墙面可以留给一幅美丽的画作。

■ 注意

如果你至今一直在使用写字垫板记录电话号码，那一定得换一种方法了。最好的方法是，你用一本普通的A4空白簿做记录。这样你就可以把各项事宜的记录保存起来——用写字垫板可不行。如果你只是记一个只需回一次的电话号码，可以写在一张草稿纸上，回电后即刻扔掉。

许多程序和网页需要密码和其他信息。这导致许多电脑使用者往显示屏上粘便利贴。

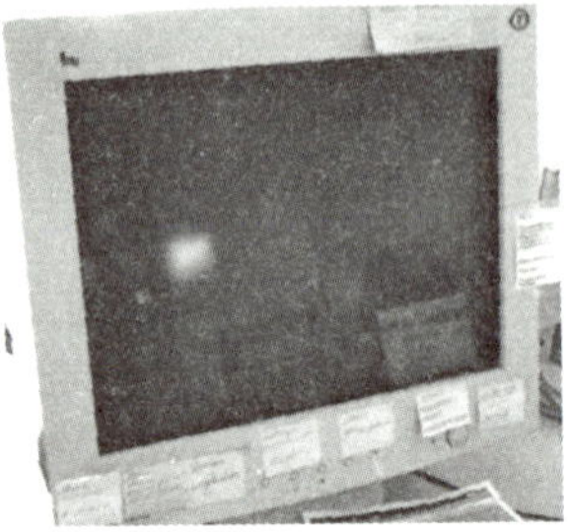

显示屏上的便利贴

■ 操作方法

请你要么用可视文件夹，要么用文件支架保存密码。

如果你一日内需多次使用这些信息，那么每次取出可视文件夹或翻文件架就太过烦琐了。在这种情况下你可以在显示器边上固定一个旋转架。当你需要用到这些信息时，就把架子转到前面来，用完之后再转回后面去。

显示屏边上的旋转架

■ 附加建议

旋转架还有一个附加功能：当你需要将文字誊抄到电脑中时，可以将纸张固定在旋转架的夹子上。这样誊抄起来就不费力了。

或许你想把全家福或幽默短文放在工作区，以便时不时看上一眼。往往是显示屏或紧挨办公桌的一面墙会被你所用。

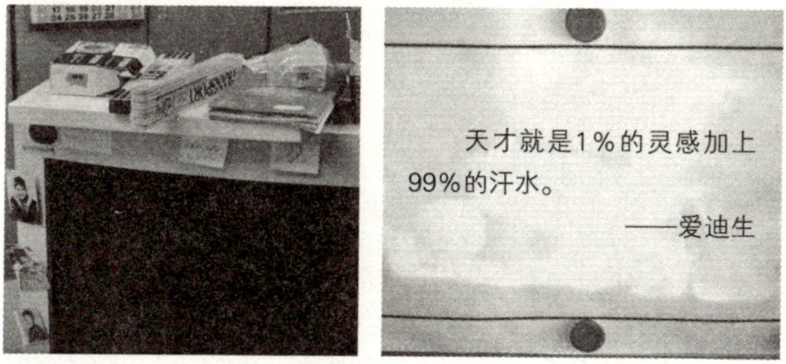

照片和短文

■ 操作方法

你在使用可视文件夹工作时，可以把目录插进第一个内袋。你可以放入你的全家福作为封面。当你一天内多次拿起文件夹时，必定每次都心情愉悦。

用作封面

■ 附加建议

请用两个可视文件夹工作。第一个文件夹的内容和所有员工的一样，例如电话号码表、开销用途计划等等。第二个是你的个人文件夹，你可以用它汇总所有办公区内你认为重要的信息。这条建议也是能够进行代班工作的前提。如果所有人都用可视文件夹，那么你的代班人员在你离岗期间便能知道在哪里能找到他需要的信息。

2.3 合理利用订书机等办公用品

打孔机、订书机、剪刀、胶带等办公用品要么放在桌面上，要么放在抽屉里，因为这些小件易于移动，所以要用的时候都得找一找，却往往能一下找出好几卷胶带或好几把剪刀。

办公用品
不易找到

■ 操作方法

你有必要给这些用品指定一个固定存放地点。第一种方法是：把打孔机、订书机、胶带以及其他物品放在移动柜上。

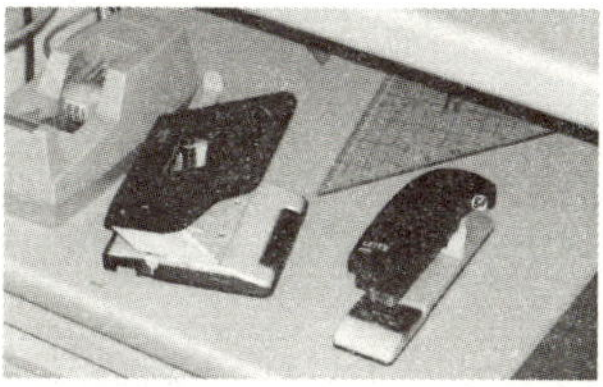

把物品放在移动柜上

如果你还是倾向于把这些用品存放在抽屉里，那么你应当用挡板把抽屉分成几格，便于存放。这样每个物品都找到了它的位置，每个物品都分到了一个位置。挡板也可以防止抽拉抽屉时里面的物品滑动。

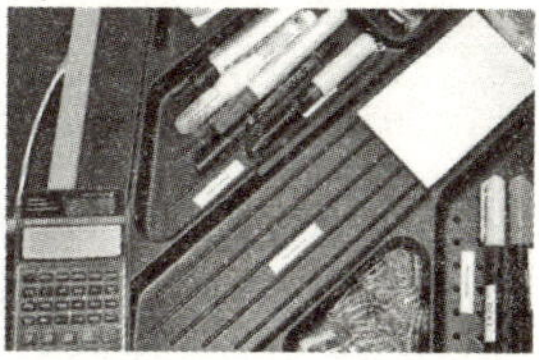

专门收纳笔或其他用品

完美主义者可以用泡沫材料做内衬。泡沫材料可以根据每种用品的形状刻出凹槽。这样办公用品就可以放进相应的凹槽中了。

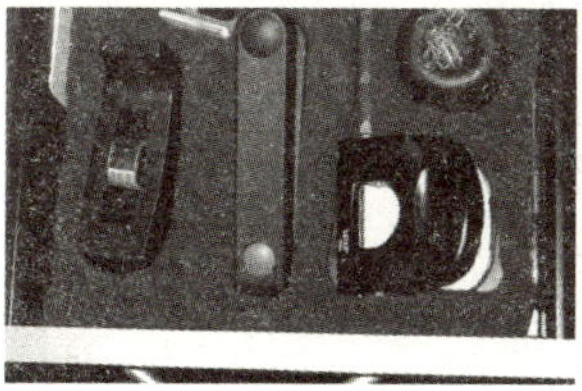

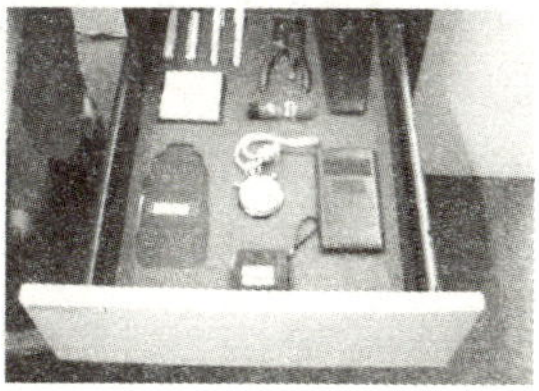

所有用品都有对应的凹槽

■ 这样做的好处

☞ 你的办公桌又空出一块地方。

☞ 度过较短的适应期后，你可以不假思索地拿取想要的东西——这节省了找东西的时间。

☞ 你时刻都记得东西用完后该放回哪里去。

☞ 每样必需用品只会启用一件，避免了诸如闲置好几卷胶带这样的情况。

注意

☞ 你每天都用的办公用品一定要放在不用起身就能拿到的地方。

☞ 隔一段时间才要用的物品（例如每周一次）应该放置在工作区周围，你起身拿一下也无所谓。

☞ 几乎用不到的物品（例如每月一次甚至更久）就无须放在办公室里。比如，你偶尔需要用到塑封机，那么请将它存放在共用房间或橱柜中。

2.4 为什么只需要一个信箱

许多员工在工作中使用多个收纳盘。

使用多个收纳盘

并且这些收纳盘的文字说明往往模糊不清。

这种做法的后果是，人们要花不必要的时间和精力找东西。

■ 操作方法

☞ 只用一个收纳盘。把它当作你的信箱，用来收集所有发给你的文件。

☞ 在收纳盘上写上你的名字，必要的话再写上你的部门，便于新员工、临时工和实习生查找。

☞ 你至少每天要整理一次信箱。所有你五分钟之内就要解决的事情，请立刻着手去办。请给其他事项定一个期限并把相关文件放进“运行业务资料夹”内。这样你每天下班前信箱就能清空了。

解决方法：只用一个收纳盘

■ 注意

☞ 在你出差期间也要忠于职守。你应当确保代收你信件的同事知道他的任务是什么。如果他不清楚，须与你或发件人联系，以讨论后续进程。

☞ 如果你的同事一直不能胜任代收任务，表明他已超负荷，现在请按照以下两条方案解决：

（1）请分析原因何在。大多数情况下并非因为同事的办事速度不够快，这种情况往往表明运作流程不合理。比如说，公司的某个领域发展过快而内部结构还没能跟上。

（2）在弄清缘由之前，应确保代收的同事得到帮助，以免耽误办事进程，从而导致整个运作流程受到负面影响。

■ 这样做的好处

☞ 在你不在办公室的很长一段时间里，你的办公桌一直处于清空状态。在你返回后便可即刻投入到一件又一件的业务中，不需要先从整理开始。

☞ 你不会受到与当前业务不相关的资料的影响。

■ 附加建议

☞ 信箱不仅是用来收集信件的，一般它也可以用作发件箱。

☞ 请和你的同事制定准则，以便合作：

—如果有人拿到了发给其他同事的文件，应放入信箱，而不是放在椅子上或地上。

——一旦文件放入信箱，就意味着发送成功。此时进一步处理的职责就转移给了收件人。

—请在准则中确定运作时间——例如48小时。在此期间内，某项业务应处理完毕，如果不能完成的话，至少也应达到中间阶段。

—这些准则同时也适用于电子信箱。

—如果你能将其熟练运用于你的整套工作系统中，你就可以缩短回复时间了。我的许多客户都表明，运作时间能减少一半（24小时）。**每个善于按规则办事的人，都能尝到事半功倍的甜头。**

规则下的统一

背景

收纳盘只有作为事务运行的一个环节时才起作用。如果收纳盘用来收集目前没有提上日程的文件，是非常不合适的。因为这样的话，收纳盘应该放入桌肚里或橱柜里，而不是放在桌面上。放在桌面上的只能是你正在处理的某一个项目。

如果你能及时将资料归置到正确的地方（如：废纸箱、阅读文件、备忘文件或运行中文件），你就不再需要多个收纳盘，也不会在办公桌上摞起好几堆资料了。

邮递员会把所有信件投入到你家中的私人信箱中，办公室信箱的作用与其相同。你在家去哪儿收信呢？（注意这里的“信”指所有邮寄给你的东西，不止书信）当然是去信箱了。你一直都能在那儿取到信件吗？答案是肯定的。

请你想象一下，现在有一个标新立异的邮递员，每天都把信件投放到不同的地方。有时他把信给你的邻居，有时他在花园里找到一个好地方，有时他又把信件藏在你的擦鞋机下。这样做的结果是什么呢？你将花费大量的时间找信，还会误事。也许放在花园里的信还会弄脏甚至丢失。幸运的是，你只有一个信箱。每天邮递员只会把信件放入这个信箱中，并且你每天都会清空它。

信箱代表着你和邮递员之间的固定交接点。这个例子表明：**人们相互协作时，一定要明确地规定交接点**。这可以保证无摩擦、高效率的合作，无论是在私人生活中，还是在工作领域，这一条都行得通。

2.5 战胜阅读文件

每个人得到的信息都比他实际处理的要多。因此日后还需再次阅读的资料会摞成堆。

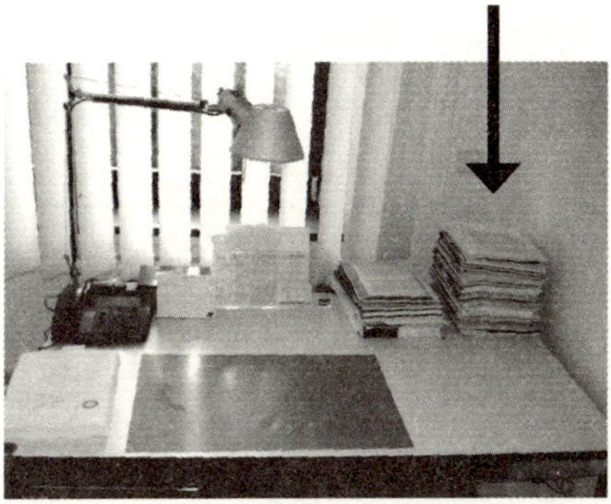

桌上成堆的文件

有些人会专设一个“阅读”格层，以便把资料存放在一个明确指定的地点，这样桌面得以立刻清空。

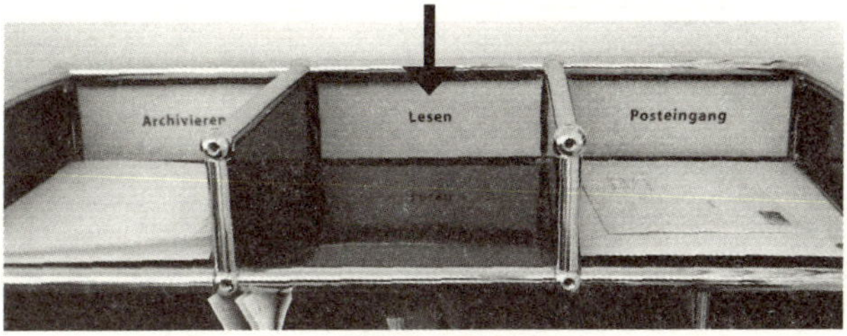

一个“阅读”格层

这样视野确实开阔了，这个理念也不错，但只能维持一瞬间，很快文件就会从格层中漫出来。

文件很快就从格层中漫出来

操作方法

在橱柜或架子里指定一个格层，把资料摞在这层格子里。格层的高度决定了纸垛的高度。你可以随身携带一部分资料，在坐火车或等候的时候阅读。处理完的资料可以扔掉或是保存起来。

解决方法：限制格层的高度

注意

☞ 按照规定，随着纸垛高度的增加，切勿开始摞第二垛纸堆，你应当清楚，你需要在几天之内处理掉30～40厘米高度的资料。因为你从没那么多时间，所以当纸堆到顶的时候，你可以毫无顾忌地扔掉最底层的10厘米厚的资料。

☞ 请不要把某个项目的资料也堆在这里，而应把它们和所属的项目文件整理在一起。

附加建议

☞ 纸堆中也可以放入你很可能不再需要，却还不想扔掉的资料（例如做了笔记的用于结算的材料，它们本该在结算完成后就被扔掉，但你可能还想保存它们几星期）。这种情况下建议你在材料上写下可以扔掉的日期。

☞ 在电脑中也可设置一个“阅读”文件夹。重要的是，所有超过一定时间（比如三个月）的文件都应删除。

2.6　建立可靠的备忘系统

每个人都会和有时间限定的业务打交道——例如须按时汇款的账单、一周后需要追踪的货品或数周后即将举办的活动的邀请函。如果没有备忘系统，这些资料往往被淹没在纸垛或收纳盘中，要花很久才能找到。

■ 操作方法

请使用备忘系统，以下提供给你两种备选方案：

（1）将所有必要文件全部放入备忘簿中。

优点：到了规定时间，等你处理的所有资料就在你手边。

缺点：事务繁忙时，备忘簿中的文件迅速增多。

（2）在备忘簿中放一张纸条，你既可以在上面写下待办事项，也可以写下相关资料的存放位置。

优点：你的备忘簿一直很薄。资料按照内容存放，你的同事也容易找到。

缺点：你在工作前还得先把资料找出来。

你可以把这两种方法结合起来使用：单页纸（例如账单）存放在备忘簿中，整套的文件（例如下一届战略会议的材料）分开存放。

你可以使用日程本：

年日程本

月日程本

日程本的缺点是，你不能清楚看到里面的文件。MAPPEI(www.mappei.de)提供了另一种备忘系统，由日历文件袋或月历文件袋组成，置于一个盒子内。当日文件袋始终放在最前面。

在MAPPEI系统中，一眼就能识别出置于内部的具体事项文件袋，随手便可抽出。

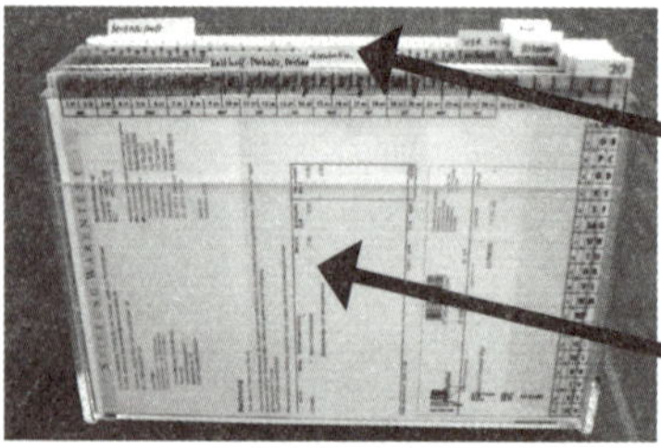

①具体事项的文件袋置于相应日期标签的前面，这样便可自动前移。

②账单等放在透明的日历文件袋中。

MAPPEI系统

■ 这样做的好处

☞ 你不再会忘记期限。

☞ 只有你当日需要的文件和任务会进入你的视线。

☞ 你的代班同事能很快找到资料。

■ 注意

☞ 确保处理的是当日文件。如果你为推迟日期而使用备忘系统的话，属于错用。

☞ 规定时间时注意明确具体的日期。“越快越好”等模糊字眼是不行的。

■ 附加建议

你可以把时间规划本用作备忘簿，按照对应的日期记下任务和放置文件的地点。如果你不想大费周章地设置备忘系统或只需提醒自己办事的时间，而非管理文件，那么这个方法十分有效。

2.7　优化运行中业务的资料夹

运行中业务的资料常常会在办公桌上堆积起来。在这些成垛的纸堆中也会有已经作废的资料，它们可以被保存起来或扔掉。

办公桌上的纸堆

操作方法

未完成项目不应该放在桌上，而应该放在抽屉里或桌边。

如果你经手的资料不多，可以将它们保存在日程本内。请在外部固定一张写有目录的透明膜，或者将目录放入日程本的第一格中。

这一方法的优点是：出差时你也能轻松带上记录着最新进程的日程本。日程本主要用于存放短期使用的文件，例如你可以用它整理带进某个会议的资料。

你最好不要把文件夹放在你的办公桌上，而应放在抽屉里或移动柜上。

使用日程本

文件夹不要放在桌上

你也可以置办第二个备忘盒（如右图赖茨的备忘盒），其使用目的与上一节提到的不同。日历文件袋由项目文件袋组成。请你将运行中项目的资料放入所属文件袋中。盒子最前端放置的目录则提供了必要的文件概览。

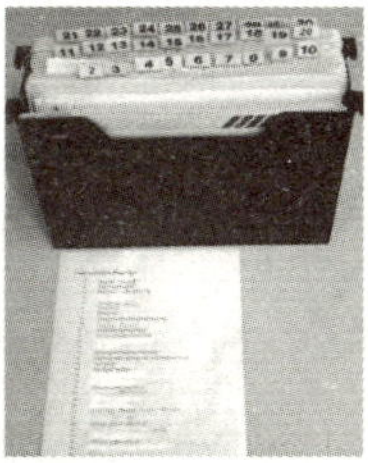

备忘盒的另一种使用目的

你可以将备忘盒放在抽屉里或移动柜上。事情解决后再将文件保存或扔掉。这种方法只适用于有时间限制的项目。

如果你想随时着手处理运行项目的文件，可以使用文件夹。请将你常用的文件夹放在你的工作区附近，这样可以明显节省时间。

放在桌上的文件夹

你也可以将运行项目的资料做好标记，整理在移动柜里的悬挂式文件袋内。

置于移动柜中的悬挂式文件袋

MAPPEI系统也可以很好地用于放置运行中项目的文件。你可以为每一个项目配置一个文件袋。这种方法尤其适用于很可能需要保存的文件。

用文件袋存放也可以针对大量文件。随着项目数量的增多，你可以区分不同项目并将不同类别的文件如预算、函件、契约等放入专属文件袋内，再将它们一起整理到相关的项目盒中。

项目盒

与上文提及的备忘盒相比，这种方法的优点在于：你在存档时可以直接取出相应文件袋并归入档案。

■ 这样做的好处

☞ 你的办公桌完全留给你正在处理的工作。

☞ 你所有待完成的工作移出了你的视线。虽然工作不会减少，但是你会立刻觉得轻松一些。

■ 注意

☞ 无论你使用哪一种系统，都应注意：文件应当放置于办公桌的旁边，而不是桌上。

☞ 认真管理你的运行中项目资料夹，以便你能一分钟内找到每个你需要的工作进程。

☞ 这个系统须能兼顾以下两方面：既能存放单页纸构成的文件，又易于找出由许多最新资料构成的完整项目。

2.8 应对日复一日的“电邮轰炸”

电邮数量在急速增长。处理邮件需要花费越来越多的时间。

■ 操作方法

☞ 不要频繁地处理邮件，每天一到两次就可以了。给自己规定一个固定的时间（例如午休期间或下班回家前）。

☞ 如果你的电脑在收到新邮件时会发出提醒，无论是提示音还是提示图标，都请关掉它，以免注意力被分散。

☞ 如果你在查看邮件时发现某封邮件必须在五分钟之内处理，请立刻回复。否则的话请计划一下处理的时间并将其写在你的日程表中。

☞ 不要只把自动填充运用于联系人信息如姓名、部门、地址和电话号码，在发送新产品简明扼要的说明时，也可以利用这个功能。

☞ 写短邮件时，注意每封邮件只写一个主题。这样便于收件人迅速回复。如果你在一封邮件中总结了五点，那将会等这五点都解决了之后才会收到回复。

☞ 不在房间时，请打开离开提醒，以及时告知发件人。

☞ 请像对待自己的信箱一样对待自己的电子邮箱：晚上应将所有收到的邮件处理完毕，或将邮件移至相应的文件夹中并规定处理时间。

☞ 如果要写的信息非常短，那么直接在标题中写明信息就可以了。为了表明邮件无须打开，你可以在标题末尾用///或EOM（end of mail）注明。

■ 针对所有人的准则

本章的开头摘录了爱因斯坦的名言“天才控制混沌”，这没错。不过我认为更精确的表达应该是：“天才控制他的混沌。”因此如何整顿好你的办公区，是你首先要面对的个人要事。

然而在日常工作中，只有你一个人能快速准确地应付你的办公桌是不够的。你的代班同事在你的办公区内也应当如鱼得水。这一点非常重要，因为当今社会中，如果员工因生病、休假或其他原因不在办公室的话，没有一个单位能够承担业务停滞造成的后果。

因此，请共同制定适用于你的部门或整个公司的守则。

本办公室守则

1. 地面上可以放置的东西

以下物品可以放在地面上：电脑、废纸箱、垃圾桶、一个包、一双鞋。

2. 收纳盘

我们致力于在一个办公区只放置一个收纳盘。收纳盘是工作流程中的一部分，用于接收内部和外部的邮件，而并非真正用于收纳。收纳盘在晚上下班前须清空。

3. 桌面规定

下班前不要将纸张堆积在桌面上，免得装笔记纸的盒子遭殃。

4. 可视文件夹

常用信息不要写在便利贴或办公桌垫板上，而应该保留在可视文件夹内。

5. 资料的内部分配

业务运行时，所有纸张上都要写下姓名和日期。

6. 说明电脑中文件的存储地址

打印每份文件时应加上路径和姓名。

7. 关于手机的规定

外出时应随身携带手机并接通邮箱。

如果你已经制定好了个人办公区守则，就可以进行下一步了。本书前面提到了夫琅和费学院的精益办公室研究报告，其中写道，一半的浪费是由事务运作不当造成的。因此这里我们加入了跨办公区守则。为运作流程制定行之有效的规定，是可行且必要的。

如果不局限于用个人的视角看待事物，而是考虑到供货商与客户的关系，将会大有益处。这一点同样适用于公司内部。因为你做的所有事都以（内部或外部的）供货商完成的工作为基础，之后你再把你工作的成果转交给（内部或外部的）客户。你与运作流程协调得越好，换句话说，你越按照标准进行工作，合作就越能无摩擦进行。

在你了解了上文提及的个人办公区规定之后，下面将介绍利于多员工合作的规定。请你阅读这些建议后与同事共同决定哪些规定适用于所有人。

■ 注意

☞ 规定不是由上司提前制定好的，而应与同事协商。另外，如果能有否决权会好一些。这样员工够遵守规定的可能性更大。

☞ 将你们共同制定的准则挂在显眼的位置，例如复印机上，以便时刻提醒大家。

☞ 让新员工熟悉这些规定。

2.9 巧用传真机和复印机

如今，传真机和复印机是办公室中不可或缺的助手，它们往往是公用机器，能够无间断地工作十分重要。

操作方法

签订传真机和复印机的维修合同或明确该机器的负责人。

这样做的好处

你不会在遇到问题时才积极行动起来，因为你已经采取了预防性措施。

注意

请在机器上贴一张一览表，这样遇到问题时立刻就知道找谁来帮忙。

有些公司复印纸用完了却没有补给。或者补给放在了不合适的地方。

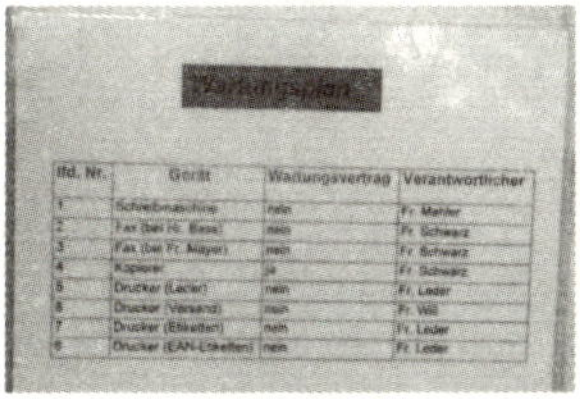

贴上维修清单

补给匮乏

操作方法

直接把复印纸放在机器旁边。在最底层的纸袋上放上看板卡片（见3.1），以便订购新纸。

有些办公室收不到传真，因为传真机中的纸张用完了。

把复印纸放在机器旁

纸张用尽

操作方法

你可以养成给传真机定期装纸的习惯，例如晚上离开办公室前。另一种方法是，在一叠纸从下往上约一厘米厚的地方放一张其他颜色的纸张。这样你就能及时知道纸快用完了，需装入新纸。

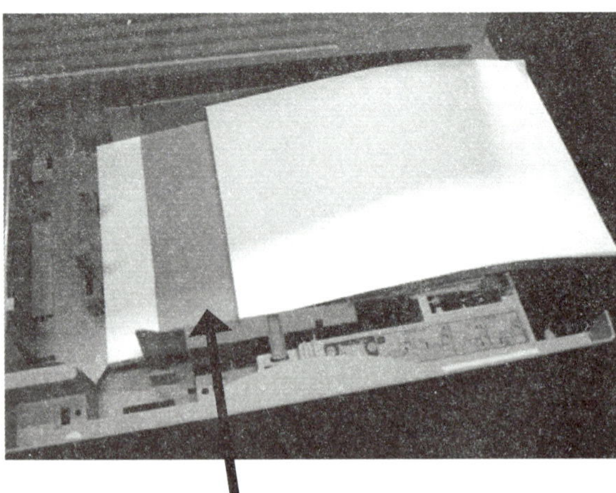

放入彩色的纸张

你请同事或临时工发传真，却不知道收件人的传真号。

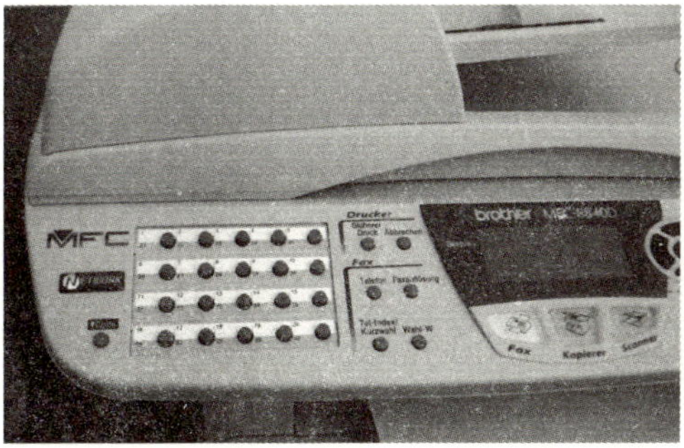

传真号不在手边

■ 操作方法

在传真机上贴上所有已存的和常用的号码清单，这样可以减少查询时间。

更专业的方法是，将信息放在架子里并固定在墙上。

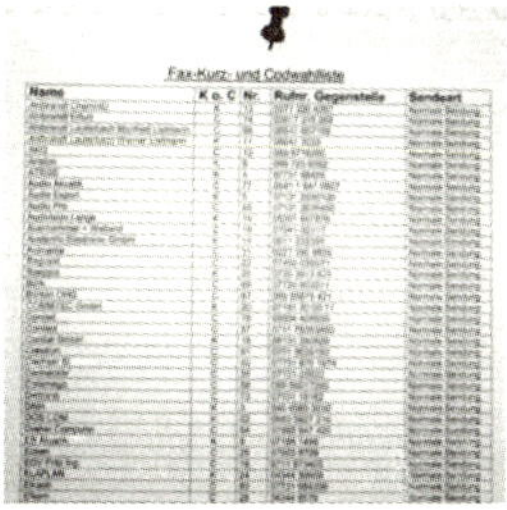

贴上常用号码清单

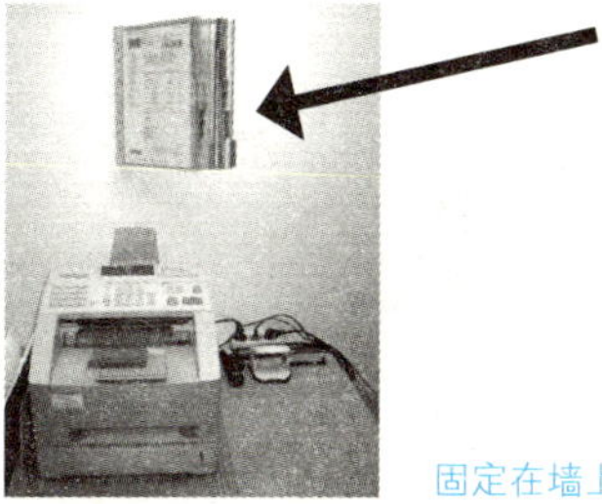

固定在墙上

2.10　共同使用办公用品

有一些用品、工具或钥匙是公用的。如果没有明确的规定，这些东西可能会放在不合适的地方甚至意外丢失，还要浪费时间去找。

保存不当

操作方法

如果复印机旁有公用打孔机或公用订书机等小工具，请用胶布标明它们的存放位置（左下图）。请将钥匙放进做了明确标记的钥匙箱内（右下图）。

标明位置和使用钥匙箱

这样做的好处

☞ 秩序是按照“所有东西都有一个去处，所有东西都有它的去处”这种理念建立起来的。

☞ 胶布用来指明用具的位置。如果某个用具偶然被同事拿走，在自己的办公区使用却不放回来，则会造成更大的问题。

2.11　管理数码相机和连接线

公用机器如数码相机在办公室中往往没有固定位置。因为找相机要花时间，还要询问同事，所以会打扰他人。

公用机器在哪?

■ 操作方法

给这些物品指定一个位置并在旁边挂上取用名单。这样可以避免寻找和整理的时间。

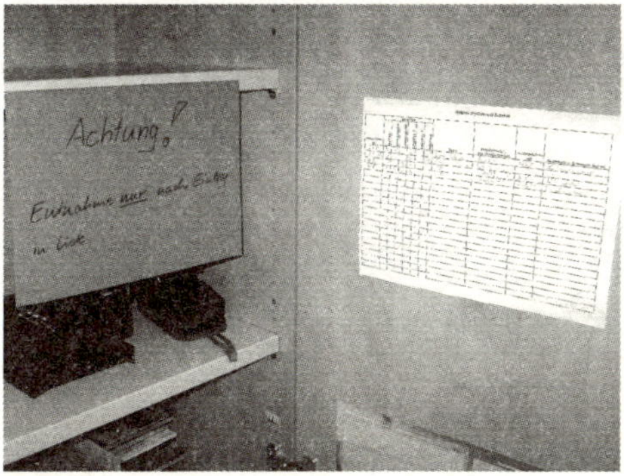

明确的位置

有些机器不止一件，而是多件。因为每个厂家都有自己的操作系统，所以使用者每次用之前还要重新熟悉一遍。

多个不同的机器

操作方法

请使用一个商家的同类产品，例如买相机时请选择你熟悉的产品的升级款。这样学习时间将明显缩短，操作失误也会减少。

使用一个商家的同类产品

附加建议

这一建议不仅适用于数码相机，而且适用于所有机器如移动电话或固定电话、传真机、复印机等等。

在橱柜中或桌子下放着连接线和充电器，搬家时要将连接线尽数拔出，搬到新地方后又要重新插上。问题在于，哪根线是配哪个机器的呢？

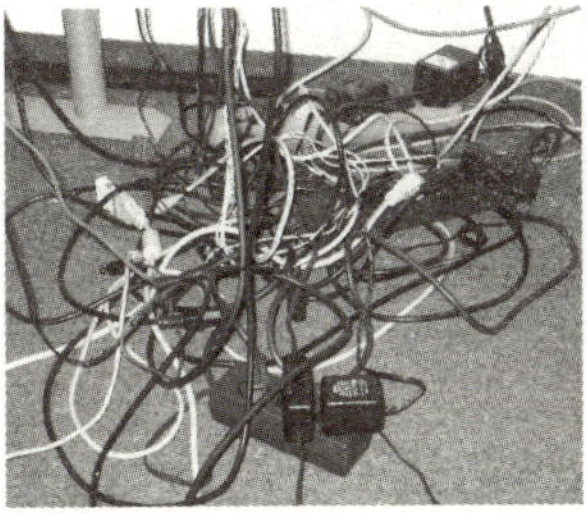

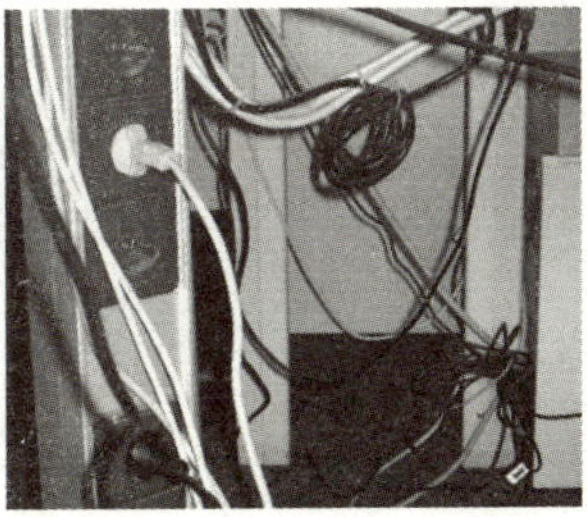

连接线混在一起

操作方法

给所有连接线做上记号，包括桌子下面的。你可以选用不同的颜色（电源线都用蓝色，数据线都用红色）。

附加建议

请在买回新的充电器和各类连接线后立刻做上标记，因为此时你还很清楚哪根线配哪个机器。

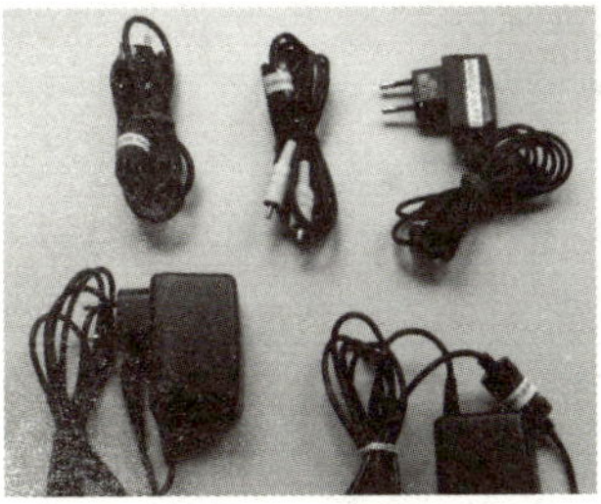

给连接线做记号

2.12　节省档案室空间

处理完的文件会从你的办公区移到档案室。那里的资料在事情完结后还要保存十年。结果是：档案室很快就饱和了，连过道都被挡死，再也不能一览无余。

典型的档案室

■ 操作方法

你可以这样设计档案室的格局：某个年份的文件可以放在固定的、做好标记的一排中。一旦超过保存期限，可以清空整排文件再放入新的。这种流动式存档可以确保没有无用的资料留存下来。

如果你再次用到某些资料的可能性很低，也可以把这些资料放进纸箱中。请不要将这些纸箱紧挨着平铺在地面上，而应该摞起来放在角落里。

流动式存档

堆在角落

传统的储存工具是文件夹。但使用文件夹效果并不理想：当多个文件夹放在一起时，由于夹子本身的构造，会浪费许多空间。

文件夹会浪费许多空间

■ 操作方法

这种情况下应考虑，是不是应该用别的储存方式来节省空间和时间。

我的一部分客户改用MAPPEI系统（www.mappei.de）来整理订单，他们给每一份订单配备一个文件袋，并装入纸箱中，在标签上写下日期（从何时到何时）以及订单号。

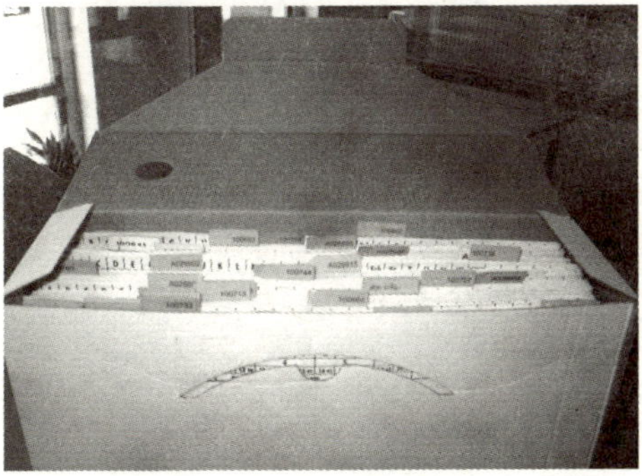

纸箱中的文件袋

■ 这样做的好处

☞ 纸箱因其自身的构造，放置时占用的空间比文件夹小。因此在更小的面积里能放下更多的文件。

☞ 档案室里的大量架子得以清空。

☞ 文件袋中的资料不需要打孔，也不要需要像文件夹那样用钢圈装订，这样可以明显节省时间。

☞ 因为订单号和日期都写在了纸箱上，所以可以缩短拿取时间。目前为止我们都按日期检索文件。

☞ 通过这种方式节约空间后，一位客户将外部橱柜中的办公用品移到了办公室内，此举便于监管用品的拿取。

☞ 这种储存方法也为运行中文件的资料夹创造了空间，视觉上也更加清爽。结果是：找东西的时间明显缩短。

在某些办公室中，例如律师或税务顾问的办公室，大量客户资料并非存放在文件夹中，而是就这么平放着。因为这些资料要用的时候并不能立刻找到，所以会浪费时间。

平放着保存，找起来耗时间

■ 操作方法

在这种情况下应考虑是否应该更换一种储存方式。节约时间是首要的。

委托人的文件可以保存在纸箱中或按照MAPPEI系统摆放在文件袋中。一旦集中存放，就能便于所有员工取用，视觉上也更加清爽。因为每个文件袋都一目了然，所以尽可能缩短了拿取时间。

一目了然的委托人文件

重要的是，不仅是你，而且你的同事也能在需要时很快找到存档的资料。

■ 操作方法

如果你想建立一个存储系统，无论在档案室、电脑还是会计部中都能够通用，可以将客户号和项目号组合在一起。第一部分是项目号，第二部分是订单号。

假设你最多有一千个客户，每个客户最多有一千个项目或订单，那么可以设置一个六位编码，中间用点隔开。例如：编号023.004表示这是第23号客户的第4份订单。

明确的编码形式可以有多种用途：

☞ 用作单据号（有编辑软件的情况下）

Rechnung/Lieferschein

Rechnungsnummer:	023.004.07
Rechnungsdatum:	30. Oktober 2007
Lieferdatum:	30. Oktober 2007
USt-IdNr.:	DE190751751
Ihre Bestellung vom:	25.05.2007
Artikel:	„Evangelisch in Obert
Menge:	10 Exemplare
Einzelpreis (netto):	18,645 Euro
USt.-Satz:	7 Prozent
Gesamtpreis (netto):	
Versandkosten:	

如果一个项目有多份单据，你可以用点隔开，再连续编号。

单据号

☞ 用于标明文件

请用MAPPEI系统整理，并在相应的项目文件袋前放上做好标记的索引卡片。

文件号

☞ 用来标明电脑中的文件夹

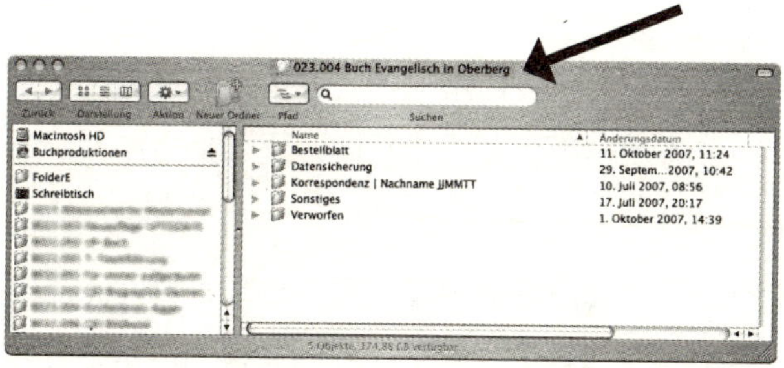

电脑中的
文件夹

哪怕你不打算采纳这个建议，你在储存文件时也应按照统一的储存形式整理，无论是电子文件还是纸质文件。

■ 附加建议

☞ 有时用电脑处理已存的文件就足够了，请尽量避免纸质副本。

☞ 因为电脑里的东西越来越多，所以应给所有内部使用的文件标明文件名和文件路径。这样找起来能够节约时间。

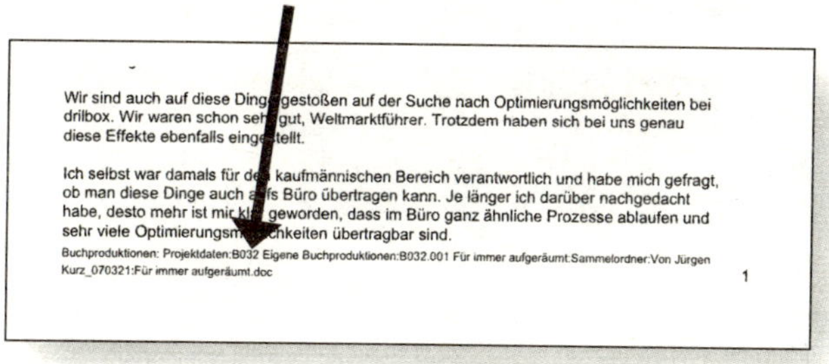
Wir sind auch auf diese Ding gestoßen auf der Suche nach Optimierungsmöglichkeiten bei drilbox. Wir waren schon seh gut, Weltmarktführer. Trotzdem haben sich bei uns genau diese Effekte ebenfalls eing tellt.

Ich selbst war damals für de kaufmännischen Bereich verantwortlich und habe mich gefragt, ob man diese Dinge auch a fs Büro übertragen kann. Je länger ich darüber nachgedacht habe, desto mehr ist mir kl geworden, dass im Büro ganz ähnliche Prozesse ablaufen und sehr viele Optimierungsm chkeiten übertragbar sind.

Buchproduktionen: Projektdaten:B032 Eigene Buchproduktionen:B032.001 Für immer aufgeräumt:Sammelordner:Von Jürgen Kurz_070321:Für immer aufgeräumt.doc 1

文件上的
路径

另外，我的许多客户都认为，给外部文件标明路径也是可以的。

2.13　如何使用公用橱柜和公用房间

除了给员工个人独自使用的办公室和工作区外，大部分办公室中还有公用橱柜和公用房间。这些地方很快就会凌乱不堪。

一眼望去，办公用品橱柜往往都是这样：没有设计摆放格局，签字笔、马克笔、空文件夹和其他用品散落在不同的格层里。办公用品虽然便宜，但因为摆放混乱难以寻找而浪费的时间，将会带来巨大损失。

凌乱不堪的办公用品橱柜

■ 操作方法

请你将办公用品放到相应的盒子中，整理后再贴上标签。

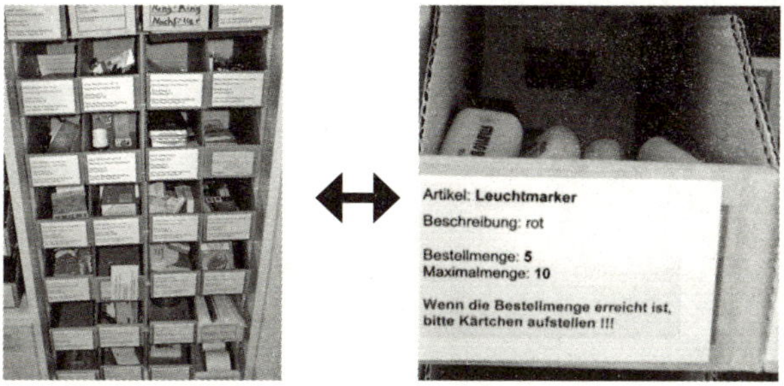

装入盒子，
贴上标签

附加建议

下次你去建材市场或超市时留心观察一下，它们的商品是如何摆放和展示的。你能从中得到一些灵感。

存放书籍（左下图）和货单（右下图）时往往缺乏系统性。有时存放的资料已过期，有时同样的资料存放两份甚至三份，有时需要的资料却找不到。

书籍和货单不能一目了然

操作方法

设立一个公用橱柜，将专业书籍或货单摆放在内，可以按照字母排序。到柜子前取用资料的员工越多，节省的时间就越多。

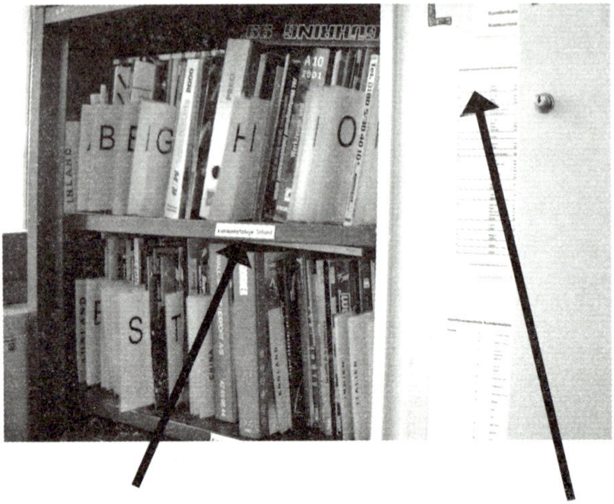

书籍或货单按字母排序的公用橱柜

■ 附加建议

☞ 给每一层架子做上标记。

☞ 在橱门内部贴一张目录。

许多办公室会用到设计图、挂图或不同的货样。这些材料往往没有固定的存放地点，因此它们经常被搁在角落或门背后，不仅看起来乱七八糟，拿取时也不方便。

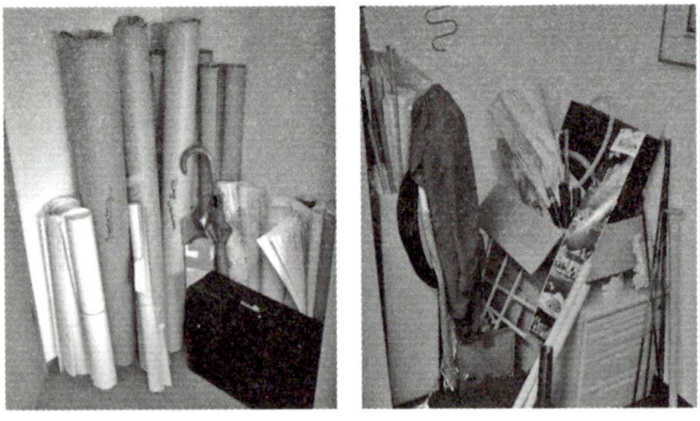

计划书、挂图和货样

■ 操作方法

将设计图和挂图放在长纸箱内。有些箱子可以在盖子上做标记（左下图）。这样拿取的时候可以节约时间。货样可以存放在专门的样品柜中，这样每件样品都便于取出，也给橱柜、地面和桌子留下了空间。

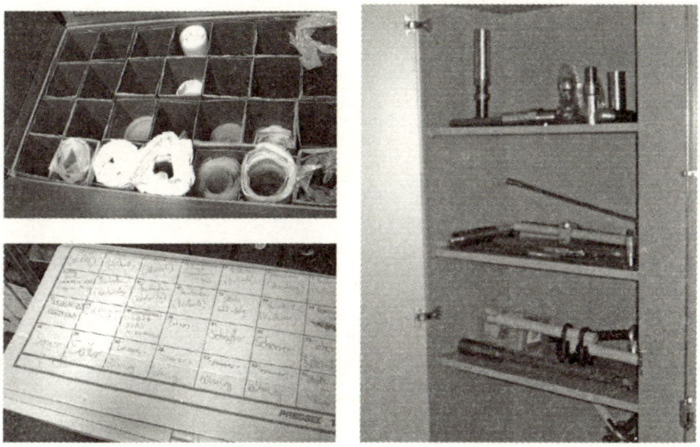

装入纸箱和橱柜并做标记

很多办公区都配有一个厨房，却鲜有厨房使用规则。这往往会造成一定程度的纠纷，因为总是由一位同事承担打扫任务或干脆没人打扫。

乱七八糟的厨房

■ 操作方法

和同事一起订立一个厨房使用规则，写下来并挂起来，所有人都必须遵守。

> **有关饮料及厨房使用的规则**
>
> 为了不把我们的实习生和学徒打造成“厨娘”，请你了解并遵守以下规则：
>
> 1. 咖啡
>
> □ 所有员工请自带咖啡杯。
>
> □ 杯子使用后请放入洗碗机。
>
> 2. 宾客
>
> □ 如果来宾在办公室，请将咖啡倒入瓷杯接待。
>
> □ 如果来宾在工厂或培训部，请用保温壶和一次性纸杯准备咖啡或直接在饮料自动贩卖机上购买。
>
> …………

接待来宾时通常会有如下问题：准备饮料要注意什么？准备几种？哪一间会议室合适？有多少人参加？如果这些问题不能解决，很快就会出现严重的纰漏。

如何接待来宾

■ 操作方法

请在清单上列出所有你觉得重要的问题，如果有的话，再写下已解决的问题。

■ 附加建议

☞ 将清单保存在你的通用可视文件夹内并放在你的办公桌上。

☞ 如果你的公司规模很小，没有零食自动贩卖机，可以在厨房准备几种甜食，并用看板（见3.1）进行库存管理。

许多公用房间如会议室或复印室没有明确的负责人。如果有东西丢失或损坏，会造成麻烦。

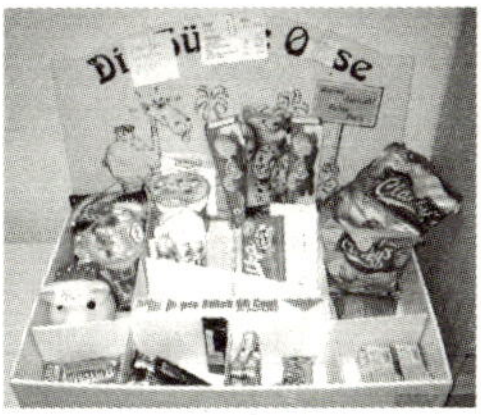

在厨房中放几种甜食

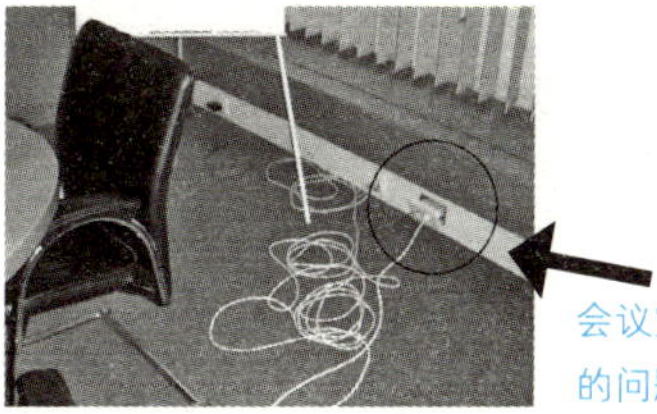

会议室的问题

■ 操作方法

请将公用房间的管理职责分摊给员工并制定准则。例如规定会议室或复印室必须放置哪些基础设备。负责人应确保遵守规定。

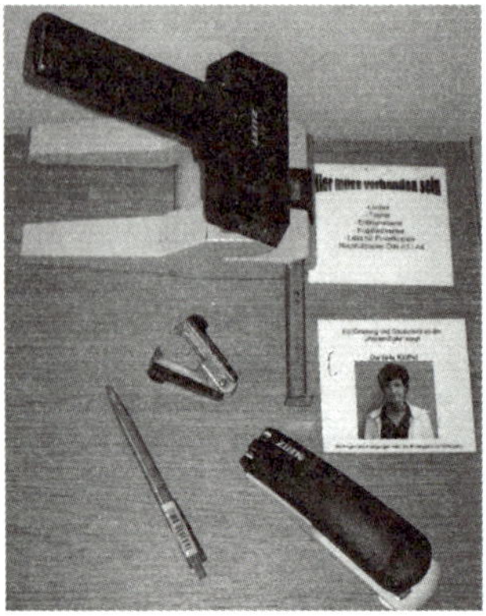

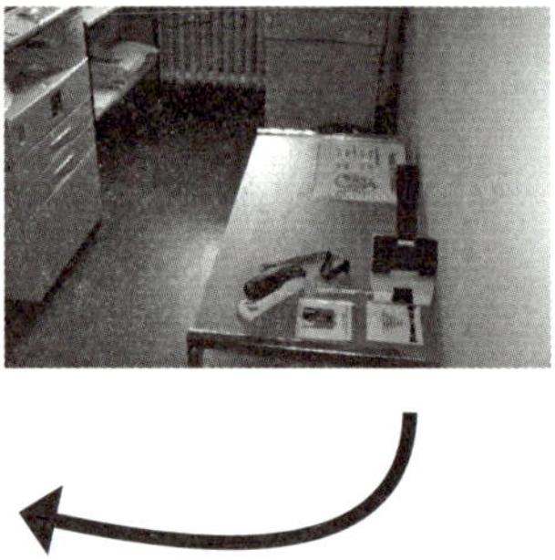

确定负责人并公示

2.14　使用清单和表格

许多任务在完成时都存在一个问题：是不是所有方面都考虑到了？

■ 操作方法

对于模式化的工作，你可以在清单上列出这些任务的要点。

清单：检查版式打样	
□ 页头标题	□ 图表分析
□ 插图	□ 页数
□ 拼写正确?	□ 旁注
□ 排版	□ 边框
□ 特殊符号	
…………	

离开办公室前的任务清单

- □ 清空信箱了吗？
- □ 电脑关机了吗？
- □ 打印机关闭了吗？
- □ 传真机里的纸够用吗？
- □ 窗户关了吗？
- □ 数据备份了吗？
- □ 录音笔带上了吗？
- □ 整理桌面了吗？
- □ 电脑屏幕关闭了吗？
- □ 设置电话转接了吗？ / 电子邮箱接通了吗？
- □ 复印机关了吗？
- □ 灯关了吗？
- □ 手机带上了吗？
- □ 时间规划本带上了吗？

…………

■ 这样做的好处

☞ 使用清单进行规划和检查工作。

☞ 清单能够减轻精神负担，你可以将注意力转移到需要集中精神的地方。

☞ 清单上用于打钩的小方框能使已经全部完成的任务一目了然。

☞ 清单能减轻任务下放或员工交接时的工作。

☞ 使用清单能够节约时间。

■ 注意

以下工作尤其适合使用清单：

☞ 需委派的任务

☞ 对完成度要求较高的任务

☞ 例行工作

☞ 定期重复的一系列任务

附加建议

☞ 向其他按规定流程办事的行业或工作团队学习。飞行员就是一个好例子：他们不需要每次起飞前都重新仔细想一遍，应该按什么顺序检查指示灯和操作操纵杆。

向飞行员学习

☞ 如果想得到持续的优化，那么使用清单后应反问自己，哪些部分不明确，哪些部分遗漏了。请你把任务清单的最后一点列为：该清单是否能够满足需要。这样你在下次使用时能够达到最佳效果。

> …………
>
> □ 这份清单是最新版本并包含了所有重点。如果不是，请立即修改。文件保存于内部组织 / 清单文件夹。

☞ 当你了解了清单的优点并对其加以利用，一段时间后你将会开始使用大量清单。有时不同员工甚至会针对同一个问题列不同的清单。

请将适用于多数员工的清单收集起来，最好放在可视文件夹内。

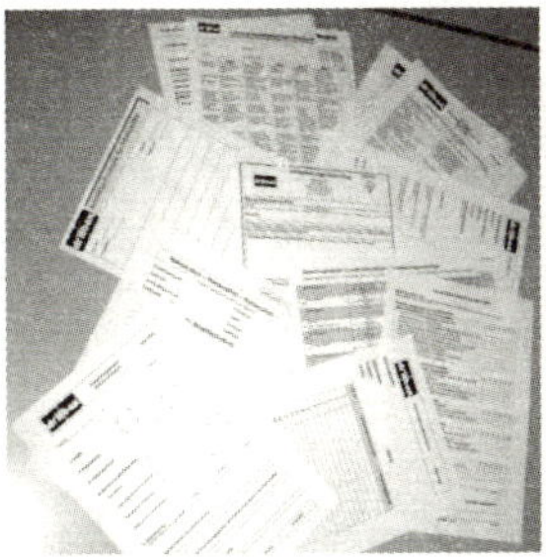

大量清单

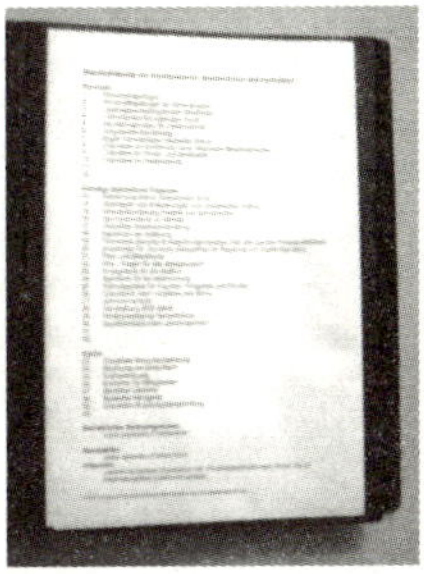

装有清单的可视文件夹

2.15　制定杂志传阅规则

大多数公司会按时收到订阅的各种专业杂志。它们在单位中以各种不同的方式进行传阅。

当日收到的专业杂志

■ 操作方法

制定传阅计划表，写清楚谁拿了哪本杂志。请给计划表编号，并拜托出版商把传阅编号印在地址栏里，再由收发室将准备好的贴纸贴在出版物的正面，之后便可以传阅了。

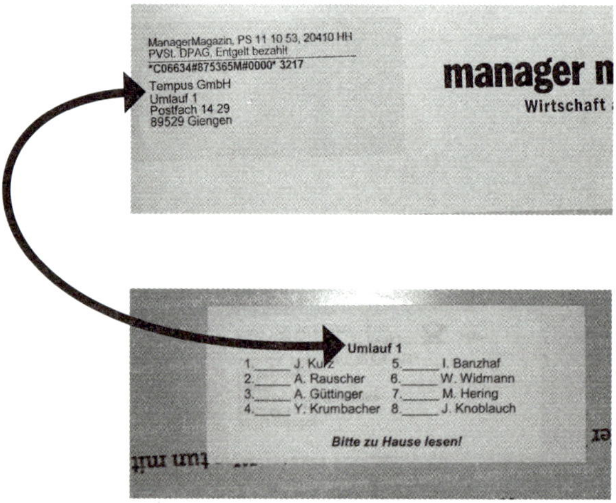

地址贴纸上的传阅编号

本次传阅的贴纸

2.16 通用准则——以销售部为例

除了本书中介绍的通用办公室建议外，还有一些方面对于某些特定的专业领域非常重要，然而员工却各行其是。

■ 操作方法

你同样也可以制定所有人都须遵守的通用准则。

销售部服务准则

1. 回电

如果没能联系上预期的通话对象，应由接电话的同事填写来电记录（来电记录：Y:\ 来电记录 .doc）。固定模板是："最迟 ××（时间）前请回电"。这里的 ×× 由来电者决定。预期的通话对象应在这个时间点前回电。如果问题没有解决，那么在这个期限前至少应该告诉来电者一声。

2. 电话铃

电话铃响不超过三声接起。（……）

3. 咨询

必须在 24 小时内解答咨询的问题。（……）

4. 电子邮箱

短期离开办公室（1 天以内）可以使用邮箱。如果长时间不在工作岗位，则应将电话转接给同事或在邮箱中做如下说明：（……）

5. 索赔

进行索赔时每位客户中心的员工都做好客户跟进工作。（……）

6. 样本制作

客户询问样本后，应在拿到样品、图纸等的 24 小时内给客户回话。（……）

2.17 实践成功的秘诀

无论你现在开始自己制定规则，还是和整个部门一起，都应遵循以下一点：不要太过苛刻。你投入80%并生效好于投入100%却不能胜任。

当你想为工作团队或部门制定规则时，务必仔细留意是否所有员工都参与了进来。定规则时细化步骤这一策略是可行的，且意义重大。如果有人能主持整个改造流程，会大有益处。例如，你可以请一位其他业务部门的领导或外聘一个顾问，他不仅熟悉这项工作，还能预估员工的反馈信息。

自测

你是否……

给你的存储系统做好了标记？	□是	□否
清空了你桌上的便笺纸等杂物？	□是	□否
启用了一个或多个可视文件夹？	□是	□否
确定了订书机和打孔机的位置？	□是	□否
只设立了一个信箱？	□是	□否
准备了能够限制阅读文件厚度的格层？	□是	□否
设立了一个可靠的备忘系统？	□是	□否
拥有触手可及的运行项目资料夹？	□是	□否

制定了传真机和复印机使用规则?	□是	□否
制定了公用办公室用品使用规则?	□是	□否
给你的档案室节省了空间?	□是	□否
制定了公用橱柜和公用房间使用规则?	□是	□否
列出了能减轻你工作负担的清单?	□是	□否
制定了规则，以便传阅杂志时能节约时间?	□是	□否
以书面形式制定了这些规则?	□是	□否

成熟的结果是简单。

——弗里德里希·席勒

3. 第三级：优化工作流程

你是否已经制定了准则并已习惯遵守这些准则？那么你会发现，你的工作环境在日复一日地清爽起来，而秩序会通过这些准则“自动”维持。至此，你已收获颇丰。

或许你还记得第一部分中提到的Kaizen理念。这一理念是以持续优化为出发点的，无论你已经做得多好。没有事情能够登峰造极，以至于毫无改进空间。因此，第3章的内容是优化工作流程，也就是说，把球继续向坡上推。

你要记得遵守规定，否则球会滚回来。**当你决定使用某些特定的优化方案时，请不要忽略这些方案应与你亲笔写下的规定相匹配。**

在优化时，你仍可以从与你个人工作区和个人工作流程相关的任务开始。除此之外，你也可以把注意力放在运行过程中各个环节的优化上。如果选择后者，你应仔细考虑这样做的前提与后果以及运行过程的整体性。需注意的是，所有环节的参与者都得囊括进来。因为运作流程是贯穿整个公司的，所以在本章中你将体验跨部门。

无论你是关注你的个人工作区还是把注意力放在运行过程的各个环节上，第三级的核心都是：研究工作流程并找到优化方案。

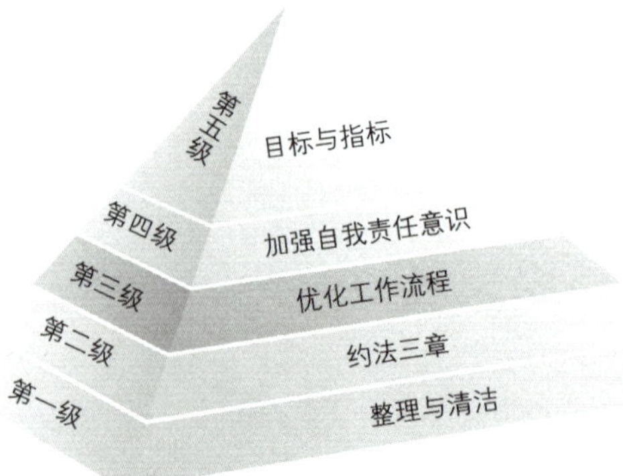

登上第三级

你很容易就能判断整个（或部分）流程优化得如何：问问你自己，是不是每项工作都能创造价值，换句话说，就是客户为这些工作买单。如果回答“否”，那么极有可能存在浪费，需要相应的方案去改善。

举个例子：如果一个你熟悉的供货商给你写了一封信，并等你给出一个简短的书面答复，那么你可以写一封信回去。但是客户往往不会为你写的这封信支出费用。而事实上，回复可以更简单——如何简单呢？在3.3中你将找到答案。

如果你想知道具体如何操作，在下文中，除了刚刚提到的例子外，你还能够获得其他建议。这些建议主要针对大多数办公室都会经历的工作流程，却很少有人将它们视为努力改善的目标。本书中，我特地选取了针对个人工作区的实例，因为不同公司运作流程的各个环节大相径庭，所以给出的建议缺乏通用性和有效性。

尽管如此，我们还是可以概括地说：**如果除了给结果带来负面影响的因素，其他都没有被遗忘，那么这就是一套最佳流程。**换句话说，“天才是简单的。”我们总结为：“要么行事简便，要么干脆行不通。”

第三级的意义不在于鹦鹉学舌，而在于融会贯通。请你自己想一些解决方法！具体方法可从第118页看起。

也许你现在已经习惯于挑战更大的工作量（更快的工作速度，更长的工作时间）。在你学习了第三章之后，你会发现还有别的路可走，而且是一条康庄大道。因为日后，你在工作中会更加注重使用巧劲，而非蛮劲。

3.1　通过看板管理库存

办公用品橱柜中的库存需要管理，以免物品短缺。

办公用品不得短缺

■ 操作方法

办公用品的补给可以用看板系统来管理（看板：来自日语，意为“卡片”）。这表示，应规定一个最低库存量。前来取物的员工会通过卡片得到信号知道库存已低于最低值，那么这名员工应负责补货。

■ 实例

☞ 反面教材

某家公司的办公用品集中保存在一个橱柜中。办公用品的补给也是集中购买。员工可以擅自从橱柜中拿取自己需要的用品。当一名员工从柜子中拿走最后一支马克笔时，他为自己感到庆幸，却不通知别人需要集中购买。下一个来领马克笔的员工就没那么好运了。

☞ 正面教材——看板的益处

将马克笔放在贴好标签的盒子里。盒子的最底层上方放一张看板卡片，在达到库存最低值的时候就能看见。一旦达到最低值，看板卡片应交给负责集中购买的人员，购入新的马克笔。新笔到货后，应与看板卡片再次一同放入盒子内。

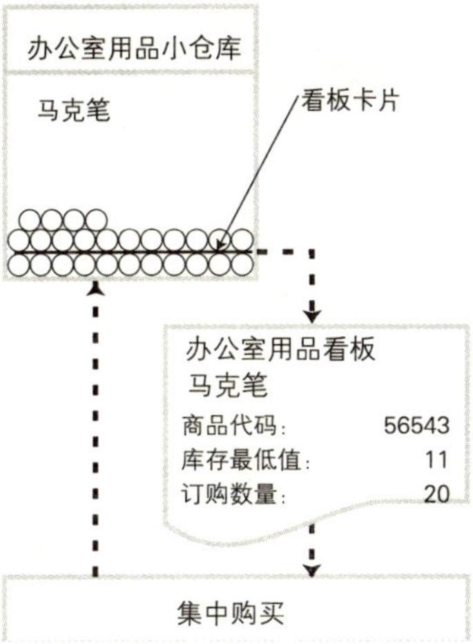

看板系统

马克笔

库存最低值：11支

1. 操作方法如下：
请将看板卡片放到阿尔布莱希特女士办公的信箱中（JK办公室）。

2. 阿尔布莱希特女士
订购马克笔
数量：20支
放入2号办公室的GL2橱柜中。
注意：请将此看板卡片放在最底层的11支笔上面。

tempus有限公司——汉勒大街第2办公室GL2橱柜

看板卡片样例

这样做的好处

☞ 必需用品供应不断。

☞ 不需要另外管理库存，而是通过看板卡片“自动”管理。

☞ 因为办公用品一直保证供应，所以不会出现有人等待的现象。其结果是工作流程运行更加流畅。

☞ 大批量进货可能价格更低。但是这样不仅会因供大于求而造成浪费，而且储存也会造成一定耗费。自动调控的看板系统能使库存贴合实际需求和消耗速度。

注意

☞ 确定库存最低值时请注意需求波动。在需求量增加的情况下，也应确保补给到达之前不要缺货。因此，尤其是价格不高的办公用品的库存最低值可以定得高一些。如果签字笔供不应求的话，“身价”自然也会抬高的。

☞ **易过期的用品补货时应遵循“先进先出”原则。**

比如说，新到的墨盒应放在仓库中已有墨盒的下方，因为先到的墨盒应优先使用。

■ 附加建议

☞ 如果不在盒子中放入看板卡片，你也可以根据实际情况用彩色来标记库存最低值。

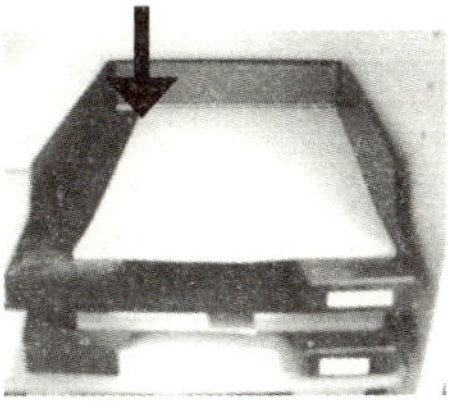

彩色标记

一旦到达标记的最低值，就应将盒子装满，以免出现无纸状况。

☞ 可根据公司的规模联系当地的一家文具商负责库存管理，例如，根据看板卡片每周补充一次办公用品。如果一直在一个固定的厂商处购买，便能享受到合理的价格。另外，一次性购买再分摊给各部门也可以减少运行成本。

3.2　针对常用收件方准备地址贴纸

地址要么手写在信件上，要么专门用电脑打出来，十分麻烦。

手写地址的信件

■ 操作方法

如果你有固定联系人，比如海外分公司或你经常通信的客户，那么你可以为不同的地址准备多张大纸，在整张大纸上放上多份同一地址的小贴纸，这样可以简化写地址的过程。

你可以将这些整张的地址贴纸分别放入收件人信箱。

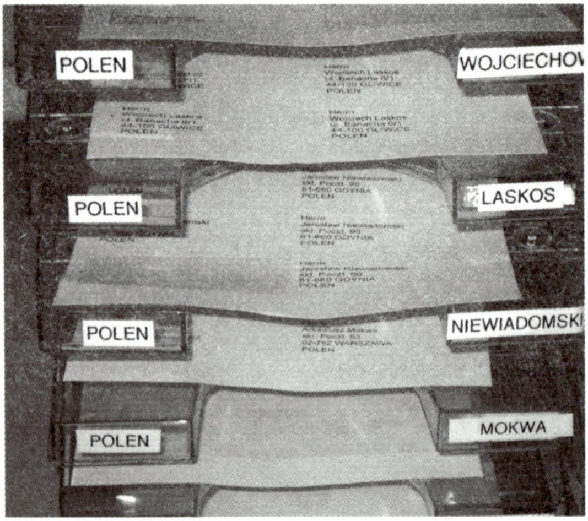

贴着地址的整张贴纸

3.3 加快书信联系

书信方式的寄件总是以书信方式回复，这会无端浪费许多时间。

tempus.®

Aufbauen zur Gelassenheit ...

Ihr Angebot Nr. 560g vom 17.05.2006

Sehr geehrte Damen,
sehr geehrte Herren,

herzlichen Dank für Ihr Angebot vom 17. Mai 2006.

Wir nehmen Ihr Angebot Nummer 560p an.

Mit freundlichen Grüßen,

Paul Müller

以书信方式回复书信

■ 操作方法

为了加快联系，请你直接在原文件上回复。（注意字迹应易辨认！）只要你加盖公司的公章后再传真回去或寄回去，在法律上就认可了。

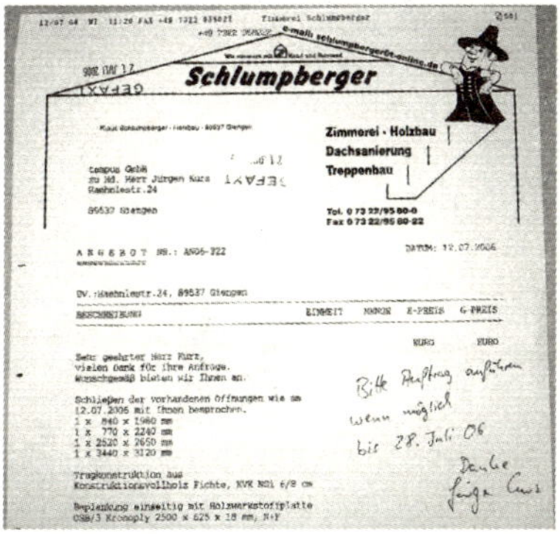
Schlumpberger

Zimmerei · Holzbau
Dachsanierung
Treppenbau

Tel. 0 73 22/95 80-0
Fax 0 73 22/95 80-22

tempus GmbH
Rathnlestr.24

89537 Giengen

ANGEBOT NR.: AN06-722 DATUM: 12.07.2006

BESCHREIBUNG	EINHEIT	MENGE	E-PREIS	G-PREIS
			EURO	EURO

Sehr geehrter Herr Kurz,
vielen Dank für Ihre Anfrage.
Wunschgemäß bieten wir Ihnen an.

Schließen der vorhandenen Öffnungen wie am 12.07.2006 mit Ihnen besprochen.
1 x 840 x 1980 mm
1 x 770 x 2240 mm
1 x 2520 x 2650 mm
1 x 3440 x 3120 mm

Tragkonstruktion aus
Konstruktionsvollholz Fichte, NVK NSi 6/8 cm

Beplankung einseitig mit Holzwerkstoffplatte
OSB/3 Kronoply 2500 x 625 x 18 mm, N+F

Bitte Auftrag ausführen wenn möglich bis 28. Juli 06
Danke

在原文件上回复

你给一个合作伙伴致电，答应他给他寄一张CD。如果再另写一封信给他的话就太浪费时间了。

tempus.
Aufbruch zur Gelassenheit

tempus.
Zeit- und Lebensplanung

www.ziele.de
Ziele setzen und erreichen

tempus. Consulting
Unternehmer beraten Unternehmen

Frank-Michael Rommert

Beethovenstraße 25

51643 Gummersbach

Ihre Nachricht	unser Zeichen	Telefon	Fax	Email	Datum
Telefonat 01.10.2007	Ku	07322 / 950-122	-147	JKurz@tempus.de	09.10.2007

tempus-Premium-Kunden-CD

Sehr geehrter Herr Rommert,

wie telefonisch am 01.10.2007 vereinbart, erhalten Sie anbei ein Exemplar unserer tempus-Premium-Kunden-CD.

Mit freundlichen Grüßen,

Jürgen Kurz
Geschäftsführer

传统附函

■ 操作方法

请直接在你的名片上写下相关信息。

更快的方法：手写在名片上

你也可以使用短消息卡片（DIN标准长度）。

其他方法：短消息卡片

3.4　提高会议效率

在许多会议中都会浪费大量时间。夫琅和费学院针对生产技术和自动化的调研表明：**低效的会议是第一效率杀手。**

低效的会议

■ 操作方法

为提高会议效率，请采用以下建议：

（1）没做日程安排时，请不要举行会议。如果不能将日程安排随会议通知一起发送出去，那么请将所有会议讨论的要点在挂图上写出来。

（2）请从和所有与会人员相关的议题开始。只涉及部分议题的人员可以逐次离开会场。

（3）请不要讨论没有列书面提纲的议题，因为书面文字可以帮忙理清思绪。如果你的会议提纲已在手边，请要求其他与会人员给他们想讨论的事项打个草稿。如果一个议题写下来不足两三句话，那么这个议题也不值得在会议上讨论了。

讨论列有书面提纲的议题

（4）请给每一个会议做书面会议记录。（谁在什么时间做了什么？）会议记录总结应在下一次会上详细讨论。你也可以将会议谈话录下来，这样每个与会者都能听到你说了什么，在必要的地方进行修正和补充。还有一种经过检验的方法是，谈话进行时，在笔记本电脑上记录并通过投影仪放映出来，以便于所有与会者评论与补充，也可以避

即席记录　　议题：

参会者：　　地点：　　日期：

发言人：

页数：

序号	重点	什么事?	谁?	何时?	进展	完成情况

即席记录

免实践时出现错误。另一种方法是，你可以手写即席记录（注意字迹应易辨认！），会议结束后复印并分发给大家。

（5）有些公司的会议是靠着斜面桌子站着举行的。因为长时间的站立会导致不适，所以会议时间不能过长。

（6）会议开始前，除了会议记录人员，还可以安排一位主持人和一位计时人员：

☞ 主持人引导会议。一般由安排日程的人担任主持人。主持人可手持自行车喇叭，当有人跑题时就按响喇叭。

☞ 计时人员负责掐秒表，与会者发言的时间应控制在90秒之内，如果超时，计时人员可借用主持人的喇叭给出信号。

3.5　一分钟速成教学让办公室仪器操作变简单

一些机器设备上有大量的操作按钮。如果这些机器不常用的话，员工很难记住应以什么顺序按这些按键。每次查阅使用手册都要浪费时间。

查阅使用手册

■ 操作方法

针对一般的操作流程做一个简短的按键组合说明。

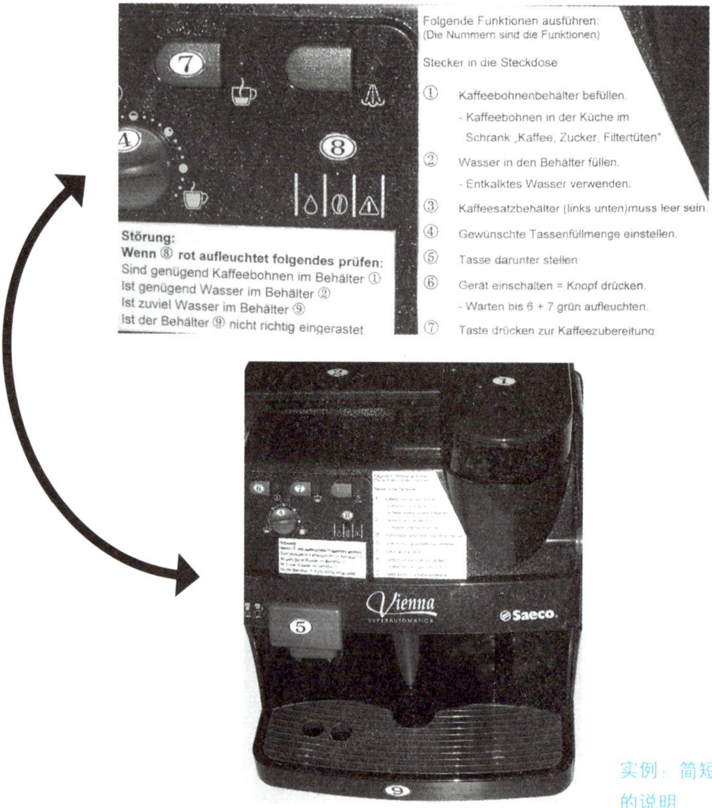

实例：简短的说明

虽然打印机和复印机通常会标明，待打印（或复印）的纸面应朝上还是朝下。然而当人们用信纸打印时，却往往不清楚应该将信头的部分往前放还是信尾的部分往前放。

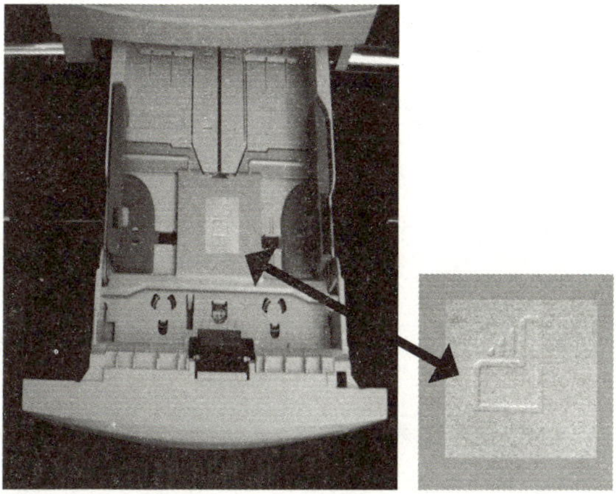

放入纸张

■ 操作方法

在机器上贴一张缩印的信纸，以免放纸的时候出现错误。

贴上缩印版信纸

办公室仪器需要时不时地清洁和保养，此时操作指南往往起不了什么作用。

■ 操作方法

给仪器拍照，并借助这些数码相片自行制作操作指南。适当的分步指南能让保养工作简单许多。

HP DeskJet 694C 保养指南

清洁用具：玻璃清洁剂，镊子，干净的抹布。

清洁步骤：

- ☐ 打开复印机的盖子（①）（直到打印头移到中间位置）
- ☐ 拔下电源插头（②）
- ☐ 取下墨盒（③ + ④）
- ☐ 用玻璃清洁剂、镊子和抹布清理墨盒支架（⑤）
- ☐ 清理墨盒（底部）（⑥）
- ☐ 把墨盒装回打印机内
- ☐ 合上打印机盖子
- ☐ 插上电源插头
- ☐ 等待打印机启动完毕
- ☐ 打印测试页
- ☐ 如果不能打印测试页，请重复以上十步清洁步骤

至少每四周或在需要时清洁一次打印机

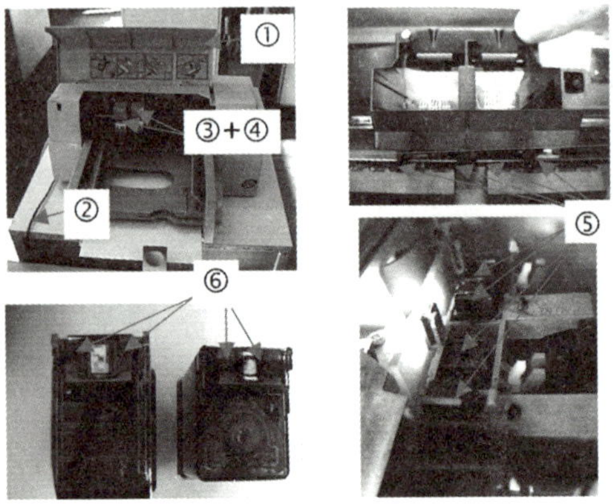

3.6　集中使用一个宣传册架子

公司经常需要用到各类广告资料，却不了解怎样将其保存在显眼的地方，也不知如何管理库存。

不能一目了然

■ 操作方法

多数公司可效仿旅行社使用广告单专用柜。这种柜子除了放置资料外，还能在外部展示一份样本。这样一眼望去便能找到自己想要的广告资料在哪一层。

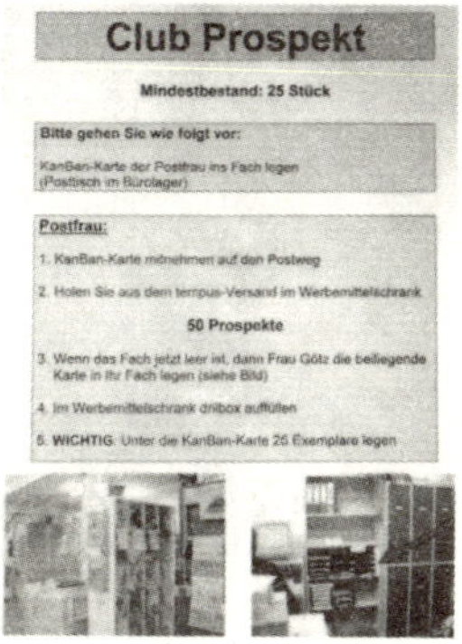

广告单专用柜与看板卡片

■ 附加建议

库存可以直接通过看板卡片进行管理（见第105页）。

自己创造解决方案

你已在本部分第1章和第2章中学习了一系列方法，这些方法是我和我的客户通过长期运用Kaizen理念总结出来的。而第3章的前面部分则告诉你，那些你乍提起时完全不相信能改变的地方，也可以进行优化。

第三级阶梯主要是让你自己创造解决方案。现在请你反问自己：检测你整理的状况，还有哪些工作方法可以进行优化。也就是说，你现在可以自己将解决方案精修一下，使其符合你的具体情况。Kaizen意味着永不停止，时刻追求一点点进步。虽然百分之百的完美是不可能的，但这依然是我们的追求目标。

追求完美

怎样才能做到越来越好呢？第一个方法是：注意瓶颈期。哪里出现了任务积压？哪里又再次出现了问题？

■ 提问五个“为什么”

一旦你确认从这个出发点入手，则应至少问五个“为什么”。这样刨根问底，可以深入地理解问题，而不是只关注问题的表象。

假设有一名销售主管按照约好的时间前往会议室接待一位客户，但是客户却没来。浪费了宝贵的30分钟之后他才知道，原来见面的时间推迟了一天。客户其实是发了传真过来的，但是主管却没有收到。

现在请你用五个“为什么”提问：

（1）为什么销售主管会无谓地等待？

因为他没有及时收到客户改时间的传真。

（2）为什么没有及时收到客户传真？

因为传真机罢工了。

（3）为什么传真机罢工了？

因为墨盒用完了而没有新的墨盒。

（4）为什么没有新墨盒？

因为没有及时订购。

（5）为什么没有及时订购？

因为我们公司没有行之有效的库存管理系统。

比起一开始遇到的问题，以上的步骤揭露了更深层次的漏洞。如果公司能够针对这个问题找到行之有效的解决办法，比如以后用看板方法来管理库存，那么不仅传真机永远不会缺墨，同时其他困难也能得以解决。

针对一个问题人们往往能想出多种解决方案。这些方案应加以比较。在评估时，可以把每种方案的前提和结果写下来。在决定方案时除了留意成本和效益的关系之外，还应考虑持久性，也就是说，考虑选定的方法是否能长久地解决一个问题。

当你全身心投入到第三级工作时，请不要独自考虑问题和可能的解决方案。把遇到问题的同事也拉进来，他能为解决方案提出建议。在Kaizen理念中，同事是你遇到的所有问题的专家。他们往往能准确判断，哪些建议能够在日常工作中采纳，哪些不行。

在我的咨询项目中，凡是听从建议以书面形式进行优化的客户，效果都不错。当一名员工写下一个问题及可行的解决方案时，思维明显变得清晰。但是你不能只是简单地写下事件。当一名员工记下问题时，有可能他会用很多文字去描述，这样他的思维主要集中在问题上。

以书面形式工作

更重要的是你要考虑解决方案。请在一张纸上写下你的想法。这张纸可以使用固定的模板：

> **优化建议**
>
> 1. 问题（估测的原因，显而易见的后果等）
>
> 2. 可行的解决方案
>
> 3. 我的建议（包括理由）
>
> 姓名：　　　　日期：

除了着手处理已存在的问题外，你也可以预防性地对暂无问题的方面进行优化。对此，以下五个放大镜将帮你进行优化。

（1）流程放大镜

你经常需要进行哪些流程？怎样才能比现在的流程运行得更好（更快、更简便、更面向客户）？

（2）浪费放大镜

哪些工序是不能创造价值的？哪些流程不是由客户买单的？

（3）结构放大镜

结构能使日常工作程序定型。哪些结构可以优化？

（4）错误放大镜

怎样才能在错误出现之前加以避免？

（5）团队放大镜

你经常在哪些工作团队中效力？将办公室Kaizen的原则运用到团队的日常工作中会怎样？

对于以上五个放大镜，下面几节中会给出具体实例。

3.7 优化流程——实例：打电话

现在请你使用流程放大镜，并找出一个你经常需要进行的工作流程（或流程的一个环节）。在这里我选用打电话作为例子，因为这在许多公司中都扮演着非常重要的角色，你或许也会反问自己，怎样才能优化这一环节。

电联有时被视为干扰因素。

操作方法

请在电话旁放一面小镜子和一张纸条，上面写着：“请微笑，对方虽然看不见，但是听得出。”

放一面镜子

打电话的传统模式都是手拿着听筒，

身体靠着办公桌。

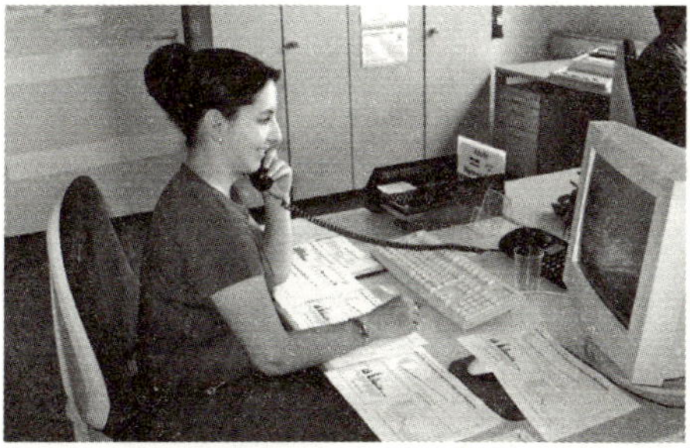

手拿听筒，靠着办公桌

操作方法

请使用头戴式耳机——这样你的两只手都能空出来。使用无线电话时你可以在房间内四处走动，比如取材料，或按对方的要求输入传真号。

头戴式耳机解放双手

挂电话后你发现，通话时间比你预想的长。因此你认为，通话吞噬了时间。

操作方法

电话旁的沙漏能直观地显示时间的流逝。

电话旁的沙漏

附加建议

请你站着通话——这样对你的腰背也有好处。

3.8 减少浪费——不同的实例

所有行业的竞争压力都在加剧。**避免浪费对于公司的幸存来说已经不是一种选择，而是一个前提。**因此，请你使用浪费放大镜。

操作方法

为能找出浪费的情形，请你先确定不是由客户买单的工作。请分别关注以下浪费形式：找东西、没有必要的移动、等候时间、错误、二次检查、信息过多、库存量大。

（1）找东西

很多公司都能用一条著名标语来形容：“你已经在工作了还是仍在找东西？” **所有因找东西造成的时间都是浪费的时间。**

（2）不必要的移动

请仔细考虑你办公区物品的摆放问题。在你的办公区内，越常用的东西应放得越近。例如：有个人在办公桌上放着圣诞礼品纸，却在要用到办公用品如信封时到隔壁房间去取；另一个人非要把万圣节饰品放在狭窄的大型开放式办公室内，而导致常用的必要文件没地方放。

（3）等候时间

等候时间是个大问题。流程运行得越完整，需要等待的情况就越多。其原因是，在很多工作单位中，一个流程要经过多个部门，而其中很多交接是可以避免的。对于这种情况，应当联合办公以避免交接。例如，在一个项目中我们需要处理与合成材料相关的订单，现在我们可以把工作模式转变为给客户指派专门的员工。他们全权为客户提供一条龙服务，例如亲自向供货商订购部件。这样的话，当客户对日程有疑问或想更改订购数量时，工作人员可以及时给出答复。

（4）错误

我的一个客户在一个重要工作流程中的错误率达到了

不可思议的40%。这项工作是每年为33 000个合同输入数据。一个职业培训生输入这些数据，出现了如此高的错误率。之后这些数据由一名错误率为零的女员工进行修改。据分析，该培训生因打字时经常接电话而分心。另外他也知道，由他输入的数据还会被检查，所以犯错也没什么大不了的。

（5）二次检查

对于由多人参与的工作，会出现每个参与者都检查一遍的情况。这样虽然也不错，因为（但愿）能够避免错误，但是客户不会为这种支出买单。你可以随订单附一张纸，在上面写下已检查过的指标。这样大家都能知道，哪些部分由谁检查过了，哪些仍然待检查。

（6）信息过度

另一个大问题是拷贝转发的电子邮件。理由是员工的不确定感。他们这么做是遵循了以下原则："我得把所有事情告诉每个人，以免有人事后问我。"对此你可以采取让彼此建立信任的措施以及营造一个允许犯错的氛围。

（7）库存量大

在办公室Kaizen项目中我取消了办公室用品分地点存放的规定，并将其集中收纳在一个地点。这些库存在很长时间内都够用。

3.9　优化结构——实例：代班规定

结构类似于框架条件，在它的基础上流程才能运行。因此我们应时不时从“系统化公司”的工作中抽出身来，拿起结构放大镜，自己建立系统。

如果解释不清的话，代班规定会对流畅的办事流程造成负面影响。代班规定在每个单位都很重要，因此我选它作为本节的例子。

操作方法

制定代班规定并以书面形式确定下来。代班规定可以有多种形式：你可以建立一张表格，在上面列出负责人和代班人员。这样你就能够立即发现哪里还没有代班人员。

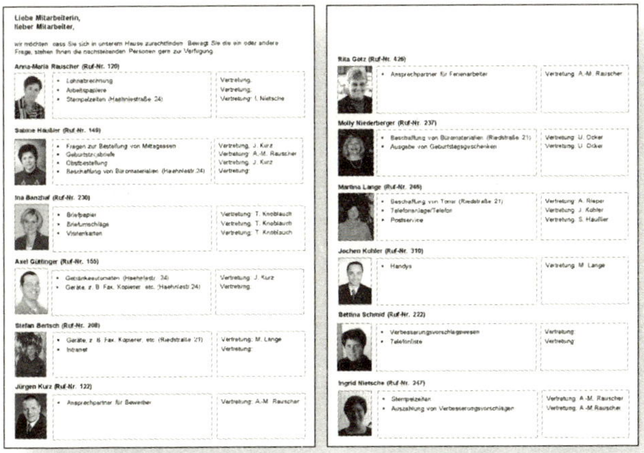

实例：表格

你可以把表格贴在常见的区域，例如贴在复印机上。这样也能让新进的职员快速了解。

下一步你可以在一个可视文件夹中清楚地写下任务，附上相应的清单，并将其用作部门手册。这样一本手册可以帮助员工熟悉代班制度，在代班的情况下可以保证任务完成，也不会造成等候时间。

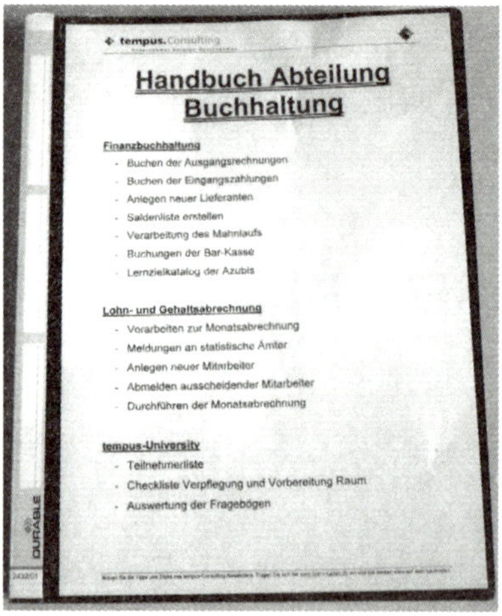

实例：会计部部门手册

除了将工作列出来并加以描述外，还可以按时间整理。请说明哪些工作何时需要完成：每日、每周、每月、每季度、每半年、每年、偶尔……

■ 附加建议

问问代班人员是否每项工作都合理。理想的做法是，和代班人员一起，按照要求一步一步地完成一次任务。

3.10　未雨绸缪——实例：斜面办公桌

如果你能在错误或问题出现之前就成功地避免，当然是最好的。请拿起错误放大镜积极预防吧！

■ 操作方法

请用本书中适当的建议作为例子，因为预防性的错误规避原则是以许多建议为基础的。例如，当你限制了阅读材料的厚度（见2.5），就避免了资料泛滥；当你用不同颜色标记你的文件夹或用一条斜贴的胶布作为标记时，你立刻就能看出哪些文件夹放错位置了。

另一个例子是：如果你想避免将办公桌错用成收纳台，可以将其斜着放。

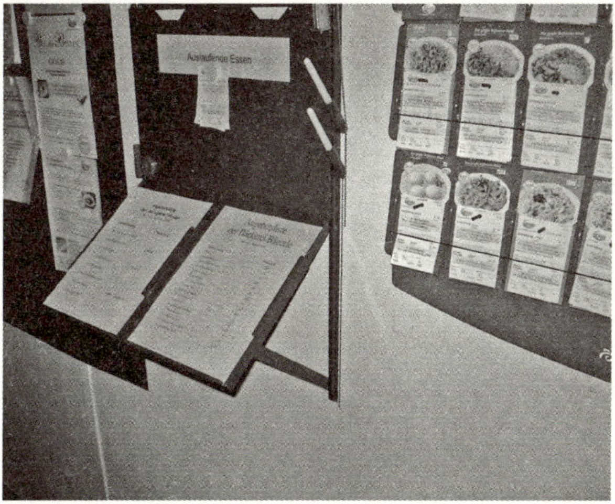

实例：
办公桌
斜着放

这些建议的背后支柱是Poka Yoke理念。这个日语概念大致可以理解为“避免无心之失”。使用Poka Yoke理念能让你离零错误水准更进一步。

3.11 一个工作团队的优化——实例：外勤员工

如果你已在某个部门（例如会计部）中通过办公室Kaizen原则收到不错的效果，那么下一步你可以把这些基本理念运用到另一个职业团队的工作日常中。为了概述如何运用，这里我以外勤员工为例。

■ 建议 1：使用通用制度

本书的意义在于，为办公区能长期维持秩序提供帮助。外勤工作人员特别需要挑战的是，他们有多个工作地点。目的在于，建立起从室内办公，到途中，再到上门服务都能通行的制度。

在很多客户的业务中，MAPPEI文件夹管理（www.mappei.de）起到了很好的作用。在你办公桌上的塑料箱中，你取出需要出门办理的业务。对于外勤的日程，你可以将相应的客户文件袋在出门前一天准备好（见2.6）。这样每天早晨你就能一把抓起所有要用的文件袋。途中你可以把文件袋放入公文包的内袋中。通常情况下带上50个甚至更多都没问题。而此时悬挂式文件袋由于钢条有厚度，所以不适合外带。

你可以好好整理资料，以便几秒钟之内找出要用的文件。这在和客户对话时尤为重要：如果你必须要转过身来在包里找文件，需要很快集中精力。不仅紧张感加剧，客户也会把心思转移到别的事情上。如果你整理得井井有条，不仅保证了说话的艺术，还展示了你的专业度。

■ 建议 2：用录音笔工作

请用录音笔记录谈话内容。你可以直接在前去拜访客户的途中将谈话内容听写下来，例如，在去见下一位客户的途中听写上一位的。如果你为保险起见不想在途中听写——你要知道听写无论如何总比自己写快得多。听写下来的笔记你可以输入电脑或晚上再整理。重要的是，你白天能够消化尽可能多的日程并能将每个日程的后续工作时间降到最少。另外，你甚至可以将笔记作为谈话的准备内容录入录音笔，之后在去见客户的路上放出来听。

■ 建议 3：秩序准则用于车内

所有东西都有一个去处，所有东西都有它的去处。这条准则也适用于车内。在车中给录音笔、数码相机、公文包和其他东西指定一个固定地点。这样可以缩短找东西和整理的时间。

在车中给物品
指定固定地点

■ 建议 4：使用时间规划本

请用时间规划本工作，除了日程，你还应记下项目。你的规划本中还能放入加油卡、名片和信用卡。一张可以抽出方便随身携带的万年历。日程规划本能使项目一目了然，且便于规划一周行程。作为外勤员工，你最好能使用周历，因为你有可能按周规划行程。除此之外，日程规划表中还应有大量的检查清单以及一张写了问题的单子，这张清单在你见客户前就应准备好。该问题清单包括竞争、竞争价格、进行中的其他项目、参照标准等问题。这些原本都是理应要问的问题，却往往会在匆忙的日常工作中忘记。www.tempus.de.为你提供了多种标明国际价格的时间规划本。

■ 建议 5：提前准备好硬币

在车内你要一直带着几个一元和五角的硬币，以便进停车场和超市时使用。如果你带着行李出差，应在外套口袋塞几个硬币，以便在机场使用行李车。不吸烟的人可以直接用车上的烟灰缸放置硬币。

■ 建议 6：将 U 盘挂在钥匙圈上

你应将U盘放在车中或干脆挂在钥匙圈上。当你的合作伙伴做了一份有意思的报告时，你可以直接将其拷走。如果你要做报告，也建议你把文件拷在U盘中。见客户时，这样可比先拿出你的笔记本电脑再启动要快得多。另外，客户也可以轻松地将你的报告拷入他的电脑（如果你愿意的话）。

■ 建议 7：给合作伙伴拍照

如果你经常要认识新的合作伙伴，请用数码相机或手机给他拍照。当你解释这是为了将合作伙伴留在记忆中时，便不会有人反对了。有时你也会有机会在对方不注意的时候拍照，比如当对方站在柜台边的时候。如果你在离开时拍下合作伙伴的工作大楼，之后也可以把这些照片整理到一起。另一种方法是，回到车上后紧接着拍下合作方的名片。

■ 建议 8：在车内放入正能量的图片或标语

外勤员工通常得一个人出行，因此需要自我鼓励。在车内放入家人的照片或鼓励性的标语可以让人在失败的谈话后振作起来。

■ 建议 9：在工作中设立指标

坚持在工作中设立指标，以便时常将工作目标看在眼里。最简单的指标是监测已达到的年度总营业额。当你把整年的指标分解成工作日指标，你就能知道平均每天需要创造多少业绩才能达标。请注意，虽然一年大约有250个工作日，但你还有休假、会议和进修。

将工作目标看在眼里

■ 建议 10：持续追踪和测算成功率

请在业务完成后持续追踪并测算你的成功率（业务总量中成功结束的比率）。作为“自动”追踪的一种形式，你可以在业务结束一周后给客户发邮件，询问客户对你的工作是否满意，是否需要其他信息等等，这里可以使用标准模板。这些任务也可以由负责内勤的同事承担。

■ 建议 11：携带地址贴纸

在你的时间规划本中应时刻随附一些地址小贴纸。这在登记入住酒店和其他需要填地址的时候用得上。

3.12　实践成功的秘诀

人人都有盲点。职业生涯中也不例外。因为第三级的任务是质疑习以为常的事情，所以企业的盲点在这一级有很大的影响。如果你一开始不能立刻质疑成功，请不要灰心，而应该想到一条伊朗名言："所有事情在变简单前都是困难的。"

为克服盲点，你可以和你的同事提出以下问题："是什么阻碍我们每日的工作达到最低消耗和最低摩擦损失？是什么阻碍我们在尽可能准确的时间点以最高质量完成工作？"

最好在第三级（或之前）外聘一位主持人。他和你单位的运作保持着良好的距离。在我的一个项目中，客户咨询该如何放置某些特定文件。如果从外部客观地观察整个运作流程，可以发现这种特别存放完全没有必要。如果只关注贮存这一个环节，其结果可能就变成了储存方式的优化。相反，通过整体观察可以发现，省去这一环节不会造成任何损失。

■ 自测

你是否通过自创的方法……

优化了工作流程?	□是	□否
减少了浪费?	□是	□否
优化了结构?	□是	□否
利用 Poka Yoke 系统在错误出现之前就得以规避?	□是	□否
利用办公室 Kaizen 原则优化了其他工作团队?	□是	□否

一个聪明人

不会自己犯下所有错误。

他也给别人犯错的机会。

——温斯顿·丘吉尔

4. 第四级：加强自我责任意识

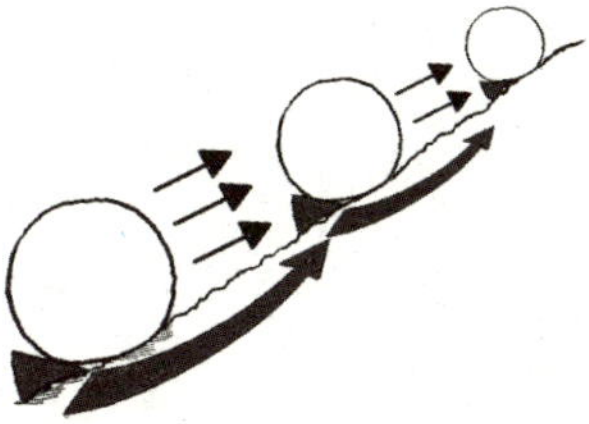

第四级的核心主题是，帮助并促进员工充分发挥其潜能。在员工的帮助下，球可以继续向上推进。

目标是，尽可能让公司里的所有人共同参与并遵守已制定的以及已优化的规章制度。本章将概括能使“共事员工”变为“共事老板”的前提。“共事老板”更加积极主动，也承担更多责任。

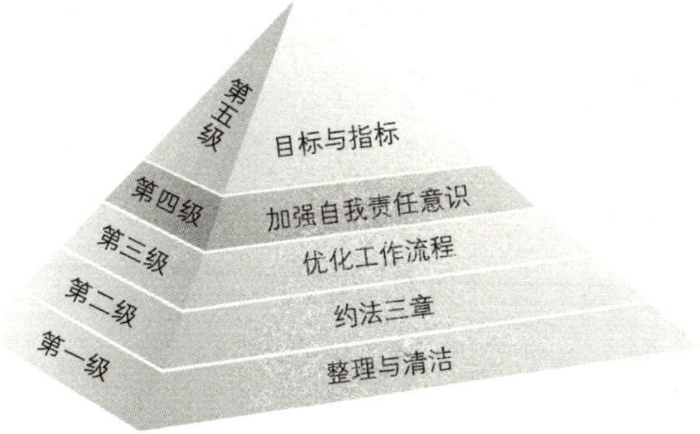

登上第四级

尤为重要的是，无论你做什么，都不能过分苛求你的员工，而应该从他们所处的位置出发。

4.1 真正实现信息透明化

你可能会有这样的经历：你把所有必要信息告诉了你的同事，但还是免不了由你来承担责任。

而同事的信息往往又以凌乱的形式公布出来，这样会造成定位时间长，不易察觉等问题。

凌乱地发布信息

■ 操作方法

发布信息时请注意层次清楚、结构适当。你可以设置不同的类别，如“质量”“日程”和“指标”。这样可以快速有针对性地找到信息。

插图可以简化以及加速定位。

使用插图

只有最新的告示才有用，然而更新速度往往跟不上。

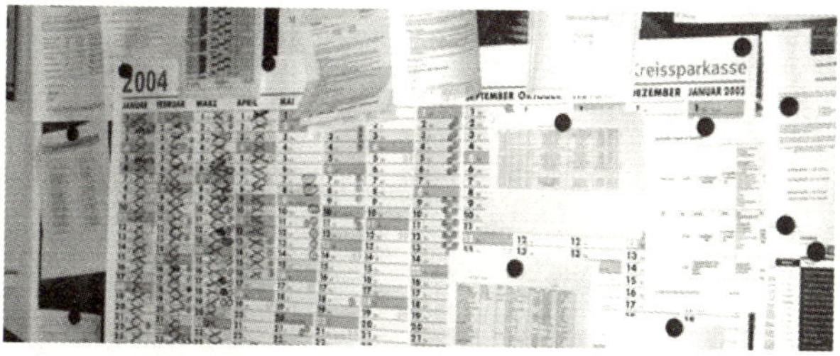

公示过期的信息

为了避免耗时又昂贵的打印工作，你可以在经常需要改数字的告示上使用便利贴或利用能多次书写的纸张。之后请用透明薄膜封起来，以免纸张迅速磨损。

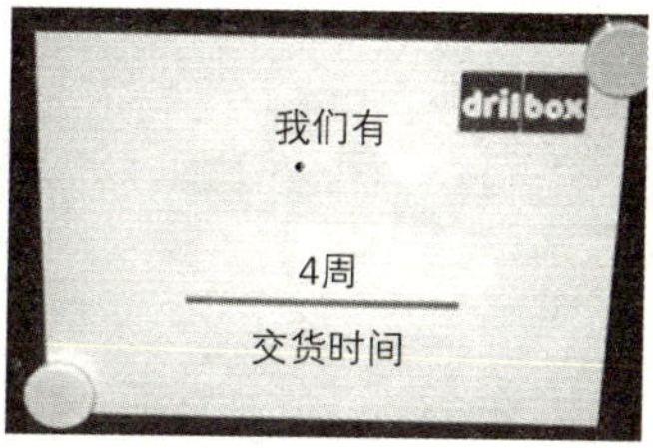

使用便利贴和能多次书写的纸张

■ 附加建议

☞ 即便是与公司目标不符的内容，也请公之于众。不要害怕公开交流负面信息。目标的偏离能够在某种程度上强制施行扭转措施。

☞ 请把当前的趋势和预测也公布出来。

☞ “共享”是“共事员工”变为“共事老板”的基础。

4.2 激发员工的潜能

员工专业性越强，对公司内部联系越熟悉，就越能共同深入思考。

■ 操作方法

除了外部进修外，你也可以成立内部工作坊或开展内部培训。请每月抽出固定的一天用于介绍专业技术。如果你不想邀请外部人员，也可以邀请具备专业技能和教学经验的员工、客户或供货商，进行一小时的实践培训。根据经验，就算这些培训因不计入工作时间而不支付酬劳，员工也会自愿参加这些项目。

公司内部的“大学”

最经济的进修方法是赠送员工专业书籍。员工是很愿意接受专业书籍的，因为这样他们也能严肃对待他们的专业技能。一本书几十块钱的投资总能收到不错的效果。如果一个员工只在家里看了两小时书，之后又把从书中获得的建议运用到公司中，那么他就回馈了公司多倍的价值。

■ 附加建议

☞ 请集中建立一个经济类有声读物藏书室——比如，可以用橱柜中单独的一排放置专业文献（见2.13）。外出乘车的员工，可以将CD借出来，把他们的座驾当成移动式大学。

☞ 将员工的专业技能统计在一张专业技能表格中。这张统计图包括所有员工和各项工作。每个员工根据每项工作的管理指标得到或多或少的分数。这为制定专业技能计划提供了很好的基础。另外通过这个表可以清楚地看出，公司对哪些员工有依赖性，因为只有他们有某些特定的技能，如果他们休假或生病的话，会带来不便。

专业技能统计表：部门内部							日期：2017年5月
部门：销售部							部门主管：F.伯尔曼博士
姓名	贡献力	表达能力	学员培训成绩	英语能力	俄语能力	售后服务能力	总分
苏珊娜·布兰森	◕	◕		●		◕	13
艾瑞卡·格里米西	◓	◕		◓	◔	◓	10
佛雷斯特·贡布	◕	◕		◕		◕	12
戈特劳德·赫勒	◕	◕		◕		◓	11
卡桑德拉·克什贝恩	◕	◕		◕		◕	12
克里斯提娜·雅诺什	◓	◕	◓	◕	◔	◓	13
阿尔贝蒂娜·克隆施泰德	◓	◕		◓		◓	9
缇娜·海泽尔	◕	◕		◕		◓	11

◔ 尚处于培训阶段（1分）　◓ 在规定时间内掌握技能并达到公司要求的水平（2分）　◕ 除了达到2分的水平外，还达到了培训他人的水平（3分）　● 除了达到3分的水平外，还能够提出优化建议并加以实施（4分）

4.3 营造不畏错误的氛围

当员工进一步制定准则时，反弹的情况也不会消失。有些公司会对此追究责任。这导致员工害怕尝试新事物——因为有可能会失败。

■ 操作方法

出现困难时，请记住一个重要的基本原则：不要问是谁的错，而应该问什么错了。如果你说："是你的错！"那么按照人类的正常反应，被指责的人会为自己辩护。一条巴西名言将人类的举止概括为："人们评价别人的错误时是检察官，评价自己的错误时是辩护人。"

这种举止带来的后果是不言而喻的：相互对峙和对再次提出想法的恐惧。

相互对峙

如果没人再勇于创新，更不愿陷入犯错的危机，那么会出现停滞的状况。没有人会故意犯错。因此，**明智的做法是，将问题和个人分离开来，共同找出原因并解决**。请尝试共同思考问题是如何出现的，以及以后怎么避免其再次出现，之后再想想该怎样改变结构及工作流程，以便日后避免这个错误。

另外还有重要的一点：改变对待错误的方式。尽管错误造成了损害，但不仅仅是负面的。错误和金翅膀一样珍贵，它最终会把你的注意力吸引到薄弱环节。如果问题能够有效解决，也就是说，同样的错误未来不再出现，那么这个错误就是向办公室最理想的零失误目标迈进了一步。

请根据你的反应判断，你把错误当作绊脚石还是垫脚石。如果你不能决定，请想一想一位智者说的话："如果上帝想送你一份礼物，总会将礼物和一个问题打包在一起。"

在我的字典里不会有这样的规定：你应该这样整理办公桌和办公室。请保持勇于创新的精神，以便为自己找到最有效的工作方法。请你想想：这是一个长期的而非一次性的优化过程。我们没有一个最好的方法，而是许多好方法，它们可以帮助你简化办公桌上和办公室中的工作。为了不阻碍寻找更佳方案时的创造性，应当允许犯错。

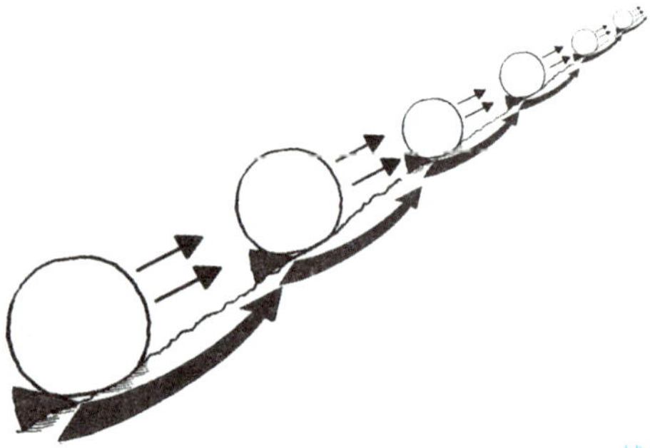

越来越好

4.4 建立优化建议制度

许多公司的员工只是凭体力获得报酬，而不是通过脑力。下班后他们才展示出他们真正的实力：建房子、成功地教育子女、领导大型社团。而这些能力在工作时却无人问津。日常工作中他们奉行这样的工作理念：“员工上班就是干活——解决问题是领导的事。”然而，员工的想法实则对问题的解决十分重要，我们需要开发精神上的潜能。

■ 操作方法

如果你是领导，首先你要清楚怎样维护员工提出的建议。作为领导，有时很难诚实地面对自己。请将下面的问卷交给两到三个员工匿名填写。再将他们填写的答案与自己的比较。

关于自我认识的问题

你是否对别人提出的想法感兴趣？ □是 □否

你觉得你的同事是否有足够的机会表达自己的意见？

□是 □否

你的同事是否有权参与决策？ □是 □否

你是否同意将你同事的有益想法立刻付诸实践？

□是 □否

以前每当优化建议投入实践时，你是否都立刻表示同意？

□是 □否

清洁工的想法是否和你领导的想法有同样的价值？

□是 □否

你有无主动走近你的同事，了解他们提出的优化建议？

□是 □否

如果你大部分问题都回答了“是”，那么你已经为优化建议制度建立了良好的基础。

员工往往比上司更能看清优化潜能。因此，请有计划性地激发员工为办公室优化提出建议，对此我们需要优化建议制度。

■ 注意

请说明你公司中“优化建议”的定义和内容。这对有计划性地运行非常重要。如果你想为好建议发奖金，一个明确的定义无论如何都是不可或缺的。

以下提供几种优化建议的定义：

☞ 建议需指出一个具体的解决方法，仅描述问题是不够的。

☞ 建议必须可行且能发挥作用。

☞ 建议的解决方案既可以是公司内部熟知的，也可以是别处经常使用的。但是它对于这次的运用领域和目的一定要是一个全新的解决方案。

■ 附加建议

☞ 一般来说，建议都是在家考虑好，写在纸上并最终投放到办公室的信箱中。

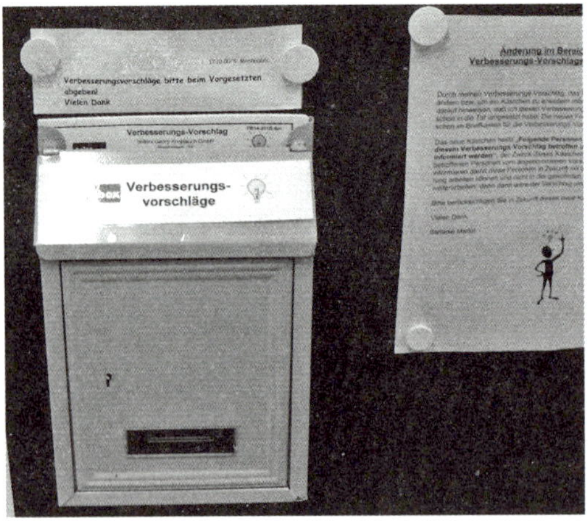

专门投放建议的信箱

☞ 有助于施行优化建议的表格样张可参考下一页或 www.füer-immer- aufgeräeumt.de。

优化建议

你也可以在电脑上填写此表格。路径：X:\ 建议 \ 优化表
（深色框由评估者填写）

tempus.
Aufbruch zur Gelassenheit ...

优化建议编号：

收件日期：

建议者：

现状描述（现状以及你不满意的地方）：

优化建议（你想怎样改善此现状？该建议有何优势？）：

请另附一张纸画图并和本页夹在一起。

我将自己实施这个建议　**是** ☐　**否** ☐

我需要以下人员帮助我实施建议：

以下人员与该建议有关且应得到通知：

自行实施建议时须通知以下相关人员：

日期：　　　　签名：

感谢你的责任心和积极参与。请将填好的表格交给你的上司。

分类	自行实施	非自行实施	奖金	分值
被否定的建议	–	–	–	1
小建议	–	X	10 欧元	1
小建议	X	–	25 欧元	3
带奖金的建议	–	X	再议	1
带奖金的建议	X	–	再议	3

评估者：　　　　节约资金：

分值：　　　　支出（包括奖金）：

4.5 加强员工的自我管理

每种管理都是从自我管理开始的。办公室Kaizen和自我管理就像一块奖牌的正反面。办公室Kaizen帮助你长期维持办公桌和办公室的整洁；优化的自我管理则帮你完美利用通过办公室Kaizen赢得的自由空间。

■ 建议 1

请在下班前确定一个第二天优先处理的项目。你可以反问自己：如果我只能做一件事，我选哪一件呢？让你的潜意识为你工作，一夜之后潜意识的创造力便能发挥作用。次日早晨你将带着清晰的头脑开始新的一天。

请直接以这个任务开始你的工作。之后会有干扰，但你仍需试着完成这一个项目。通过这种方法可以保证你的重要项目（优先项目A）不会因为其他紧急项目（优先项目B和C）而被遗忘。**重要的项目能够带你向目标靠近，而紧急的任务要求你立刻集中注意力。**

■ 建议 2

请使用时间规划本和电子规划系统，以便时刻掌握整体情况以及真正避免虚度光阴。

建议 3

如果你有完整的几天不在家或休假，请在万年历中标记出来，例如写上“不在家”并把相应的日期框起来，其他日程如“客人来访”可以用其他标记注明，如画圈或打叉。这样预约日程时看起来更加一目了然。

建议 4

请使用日历或周历规划本。这样方便在日历中填写日程。另外，你还应确定优先的项目并估算时间。不准确的估计总比什么都不做要来得强。因为时长总是被低估，所以请将你预估的时长延长到1.5倍。除此之外你还应规划缓冲时间。

规划时间时请不要忘记规划与个人目标相关的工作。

建议 5

请每次只把注意力集中在一件事情上。只有当你全部完成上一个任务时，才能开始新的工作。这其中还包括，你已经把已完结任务的资料整理完毕。

如果你在工作期间被电话打乱了计划，请赶紧决定电话通知的任务应该立刻完成还是放入备忘簿中或者归入运行中文件。你无论如何都不可以把这项任务和相关笔记晾在一边，这样当你再被打断几次后桌面上又会堆积起来。

■ 建议 6

当你看文章时，请一直拿一支笔在手中。请你划出重要的段落，并在空白处写下结论。这样以后再读的时候找出重要观点要容易得多。

4.6 实践成功的秘诀

请支持领导指出问题，以便大家共同研究解决方案。有责任心的员工往往会对公司里的重要内部关系和困难有很好的见解。请不要藏匿在你的办公桌后，你应该准备好提出新的想法，并倾听和回应别人的想法。

在这个时代中，我们的世界迅速发展，知识每四年就会翻番，为了生存，对进步的不懈追求和终身学习同样重要。如果你是领导，请你自己参加提高效率方面的进修并在公司内部就此问题展开培训。你可以从F.A.Z机构组织的德国联邦政府部门有关经济和科技的最佳（TOP）倡议中受到启发。（详细了解请搜索www.top-online.de。）

自测

为了负起责任，你自己知道或给别人发出必要信息吗？ □是 □否

你在过去的一年中是否至少参加了三个内部或外部的进修？ □是 □否

你将错误视为能促使进步的宝藏，而不是问题？ □是 □否

你的公司是否有一套行之有效的优化建议制度？ □是 □否

你是否使用时间规划本或电子规划系统？ □是 □否

你每天都做规划吗？ □是 □否

行动最慢却没有失去目标的人，

永远比没有目标四处乱转的

人要走得快。

——戈特霍尔德·埃夫莱姆·莱辛

5. 第五级：目标与指标

如果你的公司已经登上了第四级，那么员工就能完美地加入共同思考的行列并自觉地利用优化方案。持续优化这一过程得以执行和运行。员工们在公司中眼观六路，耳听八方，找出优化方案并致力于将其付诸实践。然而，如果从外部观察的话可能会发现，真正的协调并没有达到，因为这些措施没有和目标捆绑在一起，而目标对于公司是决定性的。

没有目标四处乱转

因此，第五级的内容是根据公司的战略定位确定目标。也就是说：**在第五级中，办公室Kaizen和公司的战略运行结合在一起**。优化现在有了统一的方向。员工们开始朝着同一方向、向着同一目标奋斗。这构成了第五级独特的魅力。

我们可以说，目标是可以分解到各部门和员工个人的战略。这些目标可以指导员工工作。

目标提供导向

目标确保公司将力度投向最有效的关键点，避免任何人走偏。这话也许听起来很老套。但实践证明，只有少数公司的员工能够准确地描述出他们的公司设立了哪些目标。

目标往往不清晰

目标对于所有员工来说都不宜遥不可及。最好能将目标公示在个人的工作区内。这样能够时刻提醒员工，并且重要的指导方案不会在繁忙的日常工作中被遗忘。

你可以将目标贴在办公室门上或柜子上。不要让它直接映入员工的眼帘，因为这样会不停地分散员工的注意力。每天能看到这些目标一次就足够了。

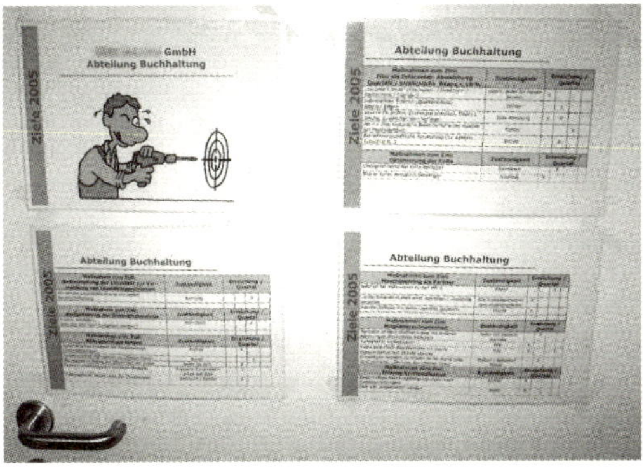

贴在办公室门上的目标

对于目标我们应奉行以下基本原则：“**你不能测算的东西，也就不能制定。**”另一条关于管理的名言意思相同：“要么测算，要么抛弃。”

目标能够测算是十分重要的，这要通过设立指标来实现。与公司目标结合的指标能够展现出措施的效果和偏差。

重要的是，你应当定期测算指标。至于多久测算一次，不能一概而论。例如，对于电话客服中心来说，每小时能接完多少通电话十分重要。而对于其他指标，例如公司的患病率，每月调查一次就够了。

除了按时调查之外，指标的可理解性以及可读性（如果可能的话）也很重要，这样信息才能够一目了然。

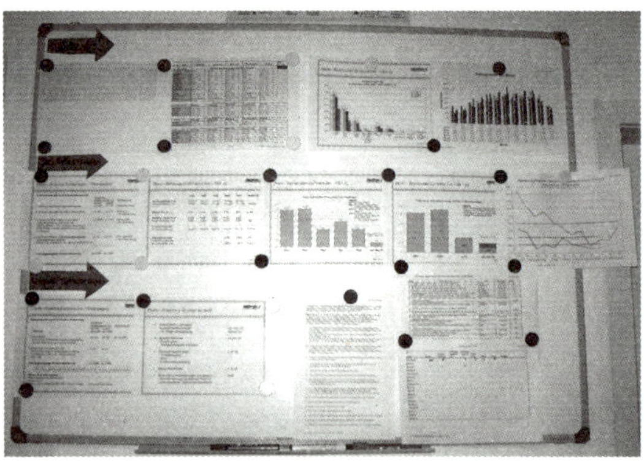

指标应具备可理解性以及可读性

可行的指标有很多，在下文中我只向你介绍六个常用重要指标。如果它们对你很重要，你也可以加以使用。但是，请你也设立自己的指标。每个公司或机构的决定性指标，都会根据各自的战略和战略引导的目标而不同。例如，某家杂志社更看重广告收入，另一家更重视订阅人数，而第三家认为这两个指标都很重要。

确定指标时，重要的不是设立尽可能多的指标，而是指标应具有决定性。另外，你可以和你的同事共同锁定这些指标，讨论它们的发展，利用指标进行日常工作。

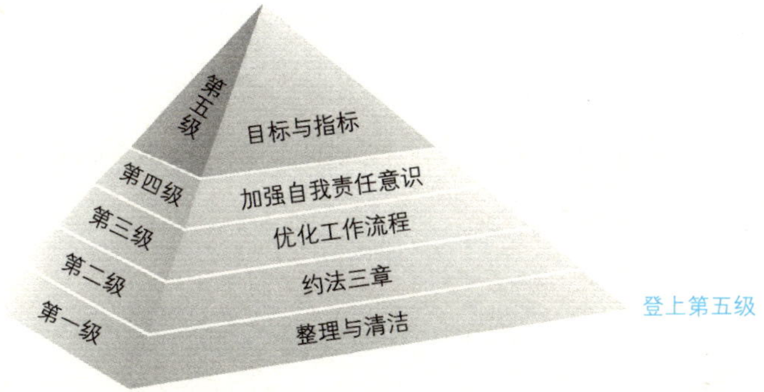

5.1 处理时间与运行时间之比

在处理时间和运行时间比值的研究报告中我们多次看到，一份文件或一项事务中95%的总时间在等待处理。通过本书介绍的优化方案，我们可以解决许多造成这一可怕比值的根源问题。

■ 操作方法

一方面，请你测算一项事务需要处理多长时间（处理时间）；另一方面，从事务运行的开始到结束需要多长时间（运行时间），之后算出两个时间的比值。你可以通过以下方法计算时间：在项目文件袋中，每取一份文件袋，都用日戳记录文件拿出和放回的时间，另外再记下处理时间，并把整个运行流程中各段处理时间相加。

■ 注意

请同时记下最短、最长和平均处理时间以及运行时间。运行时间的数据差距越大，说明运作流程越不均衡，这表明我们亟须采取措施。处理时间的波动则表明了给运作流程定标准的必要性。

■ 该指标的作用

你能由此看清运作流程中用于创造价值的时间份额，及其隐含的优化潜能。

■ 该优化方案发挥作用的时间

该作用能够很快体现出来。

5.2 遵守日程安排

只有当每个环节都严格按照日程安排进行时，排队等候的各个步骤才能按计划进行。因此，遵守日程安排对于可靠的流程运作来说是一个重要的指标。大多数时候，遵守日程安排甚至比运行时间还要重要，因为运行时间不能作为唯一的评判准则，而只要你遵守和客户约定的日程，运行时间长短就不是问题了。

操作方法

为了能够遵守日程安排，你先要约定时间。除了直接和最终客户联系的员工，其他所有参与中间环节如提供信息、服务或产品（数据）的员工都需要注意这一点。请计算你真正遵守的时间占预定时间的份额。

注意

请通过对比值的测算了解情况。估测是不够的，因为很多公司不可思议地认为它们能够高度遵守日程安排，而事实上员工的准备工作和实际操作中的等候时间都是公司的大问题。遵守日程安排其实是一个极易被低估的挑战。

该指标的作用

该指标的计算将适用于客户和适用于运行流程这两个基本理念结合起来，它能够帮助我们完成质量上和时间上的目标，并发现这两方面不足的地方。

该优化方案发挥作用的时间

该作用能够很快体现出来。

5.3 投诉率

如果错误延续下去，将会对后续进程中的环节产生负面影响。在汽车工业这一行中会测算百万比率（每100万零部件中出错的比例），顶尖公司的出错零件仅仅是个位数，而相比之下，大多数公司管理部门离零差错还有遥远的距离。

■ 操作方法

在Kaizen理念中，不只是消费者被当作最终客户，公司内部每个环环相扣的部门也是客户。因此，低投诉率是每个员工追求的目标，我们可以通过计算重要的售后问题或有错误及不完整信息的数量来测算投诉率。

■ 注意

从“内部客户—供货商”这一关系层面上看，每个员工交接时都有义务保质保量、遵守时间。员工也有权利将交接时的错误内容退回给“内部供货商”。请你把这些错误看成学习的机会，找到你的“供货商”，共同探讨以后如何避免此类问题。

■ 该指标的作用

☞ 通过计算投诉率，员工能够更好地了解和评估公司的整体运行过程。另外，该指标可以有效促进各部门消除利己主义思想。

☞ 该指标是衡量运行质量和已完成工作的重要标准。它能够说明，有哪些不能给客户增值的后续工作和重复工作是必不可少的。

■ 该优化方案发挥作用的时间

该作用需要过一段时间才能体现出来。

5.4　管理部门的支出份额

在生产中，往往每个环节和每个材料的组成部分都要进行研究和测算，甚至精确到一分钱。相反，由管理部门支出的经费往往不加斟酌，也不会与公司的总支出挂钩。

■ 操作方法

请调查哪些经费是由管理部门支出的，并计算其与公司总支出的比率。怎样确定管理部门的支出份额，需根据你公司的自身情况决定。你可以选择不同的方法，比如：你可以从支出账单找出第四类账目（办公室支出等），并计算其和毛利润的比值。你可以通过税务顾问和企业顾问统计每个员工的销售额。

注意

请你保持耐心，等到指标转好可能要好几年。因为与该指标挂钩的是，你的公司登上本书介绍的五级阶梯可能也需要好几年。如果你能够成功地测算出管理部门员工的生产率，那么你已经提前尝到了甜头。

该指标的作用

一旦你能清楚地了解管理部门的支出占公司总支出的份额，就能知道优化方案如何在财政方面发挥作用。

该优化方案发挥作用的时间

该作用需要长时间才能体现出来。

5.5 每人每年提出的优化建议

如果不计算也不公开优化建议的数量，也就无法调动胜负欲。

操作方法

请你计算并公示每名员工每年提出的优化建议的平均数量。

注意

☞ 请不要只关注已经真正投入实践的建议，而是所有收到的建议。

☞ 你要有耐心，尤其是刚开始的时候。随着时间的推移，建议的数量和质量都会增长。

☞ 请将你的数据和其他公司的进行比较。一家一般企业每年每个员工平均提出0.6个建议。该世界纪录是由日本丰田汽车制造公司保持的：他们每年每个员工平均提出60个以上的建议。

该指标的作用

☞ 该建议制度的用意在于，将每个员工都积极地和公司的运营捆绑在一起并对他们的建议加以利用。

☞ 因为员工能够考虑到不同方面：例如管理工作和客户关系的优化或节省资源、材料和能源，所以不仅能降低支出费用，还能对质量和供货进行优化。

☞ 通过这个指标你能看出，你第四级的任务完成得如何。

该优化方案发挥作用的时间

该作用需要过一段时间才能体现出来。

5.6 员工满意度

员工的负面情绪往往会对他们的业绩产生负面影响。此外，不满意的员工还会影响他人，有损公司发展。一旦他们离职，公司就流失了专业技术。因此，了解并提高员工的满意度意义重大。

■ 操作方法

请定期（例如每年一次）通过问卷调查员工的满意度。

■ 注意

☞ 重要的是，你应当通过不同的标准去测试员工满意度（让员工评价工作环境、企业氛围、薪酬等）。也可以在指标中加入缺勤时间、员工流动率等数据。

☞ 为保证对公司定位的真实性，应匿名并由外部展开调查。

☞ 请你始终使用同一份问卷，以便比较不同时间的调查结果。

■ 该优化方案发挥作用的时间

该作用需要长时间才能体现出来。

5.7　实践成功的秘诀

在第五级中，只有当你肩负领导任务时，才能有效地进行改善。公司的领导层最晚现在也该行动起来了，因为现在员工在优化方面的努力和公司业绩的战略性考量结合在了一起。

请你深入研究公司的长期目标并反问自己：在哪些领域我们希望或必须做得更好？请根据这个问题制定指标，并将其公示在公司的重要区域。这样员工能够更好地评判，哪些优化工作意义重大。

自测

你清楚公司的战略定位吗？	□是	□否
你从这些战略中找到目标了吗？	□是	□否
你将这些目标分解到上至部门，下至各个员工了吗？	□是	□否
这些目标贴在工作区了吗？	□是	□否
你设立了和这些目标结合的指标了吗？	□是	□否
这些指标定期测算了吗？	□是	□否
你将这些测算结果公示并与目标值挂钩了吗？	□是	□否
这些公示的指标张贴出来了吗？	□是	□否

Published in its Original Edition with the title
Für immer aufgeräumt. Zwanzig Prozent mehr Effizienz im Büro
Author: Jürgen Kurz
By GABAL Verlag GmbH

This edition arranged by Beijing ZonesBridge Culture and Media Co., Ltd.

图书在版编目（CIP）数据

极简工作. Ⅰ，工作中的断舍离，效率提高20% /（德）约根·库尔兹著；王瑞琪译. —北京：中国人民大学出版社，2017.7
ISBN 978-7-300-24363-4

Ⅰ. ①极… Ⅱ. ①约… ②王 Ⅲ. ①工作—效率—通俗读物 Ⅳ. ①C935-49

中国版本图书馆CIP数据核字（2017）第084442号

极简工作Ⅰ
工作中的断舍离，效率提高20%
［德］约根·库尔兹（Jürgen Kurz） 著
王瑞琪 译
Jijian Gongzuo Ⅰ

出版发行	中国人民大学出版社		
社　　址	北京中关村大街31号	**邮政编码**	100080
电　　话	010-62511242（总编室）		010-62511770（质管部）
	010-82501766（邮购部）		010-82514148（门市部）
	010-62515195（发行公司）		010-62515275（盗版举报）
网　　址	http://www.crup.com.cn		
	http://www.ttrnet.com（人大教研网）		
经　　销	新华书店		
印　　刷	北京玺诚印务有限公司		
规　　格	148 mm×210 mm　32开本	**版　　次**	2017年7月第1版
印　　张	5.75 插页 2	**印　　次**	2018年6月第3次印刷
字　　数	97 000	**定　　价**	39.00元
